LYON
secret et insolite

Les auteurs tiennent à remercier tout particulièrement :
Simone Blazy, Anne-sophie Dupont, Agnès et Emmanuel Ferra, Jacky Gallman, Isabelle
Rinck, la Bibliothèque municipale de Lyon, le musée Gadagne de Lyon et le service
des Espaces verts de la Ville de Lyon.

LYON
secret et insolite

LES TRÉSORS CACHÉS D'UNE MYSTÉRIEUSE

Gérard **Corneloup**
Photographies de Gérard **Amsellem**

LES BEAUX JOURS

Lever la tête vers une façade d'immeuble pas vraiment comme les autres, pousser une porte anonyme mais cachant des merveilles, retrouver des restes romains dans un monde de béton ou une ruelle agreste derrière des usines… Découvrir une gargouille érotique en un lieu qui l'est beaucoup moins, un fort militaire devenu école et une manufacture des tabacs transformée en faculté. Marcher sur les traces d'un guérisseur qui eut l'Empire russe à ses pieds ou suivre les pas d'un mage mystérieux ; effleurer les pierres d'une cour où moururent les canuts en révolte ou flâner sur une place où auraient atterri des extra-terrestres…

C'est ce parcours singulier que nous vous proposons ici. Parcours dans l'espace et dans le temps, dans une ville qui sait garder ses souvenirs et ses traces, mais sans les montrer au premier venu. Question de pudeur, sans doute. L'image de cette « retenue » légendaire que les visiteurs d'hier et d'avant-hier… voir ceux d'aujourd'hui, se sont plu à remarquer, à souligner, à railler. Car c'est bien connu, dans la cité bimillénaire, on est pragmatique et observateur, avec un rien d'ironie face aux fulgurances que peuvent amener « ceux d'ailleurs », conscient, comme le dit Guignol, que « tout le monde y peut pas être de Lyon ». On s'adapte, on rajoute, on crée, mais on ne jette rien.

Le verbe peut évoquer ce patrimoine parallèle, rappeler des faits insolites, curieux, surnaturels – ou supposés tels ; il excelle à ramener en surface les secrets enfouis. Mais il faut l'image d'aujourd'hui, rayonnante de lumière et de couleur, dans la ville où un père inventa les autochromes et ses fils le cinéma. En toute simplicité. L'image captée, emprisonnée, restituée par un autre Lyonnais, un autre Gérard, qui excelle à retrouver ces traces du passé dans un présent largement ouvert vers l'avenir.

Passé, présent, avenir : la trilogie de la vie d'une cité est alors complète. Il ne reste plus qu'à ouvrir ce livre et à marcher dans la ville… en s'accordant force poses sur une place, sur un belvédère, dans un jardin ou dans quelque « bouchon », bien sûr !

Gérard Corneloup

D'une traboule...

Du 27, rue Saint-Jean au 6, rue des Trois-Marie, 5ᵉ.   De la Cour des Voraces (place Colbert) au 29, rue Imbert-Colomes, 1ᵉʳ.

À Lyon, le terme « traboule » désigne une allée ou une suite d'allées couvertes traversant un pâté de maisons et conduisant ainsi d'une rue à une autre. Le verbe « trabouler », qui vient sans doute du latin *trabulare*, est la contraction populaire de *trans mabulare* signifiant « aller à travers, à la dérive ».

Offrant un gain de place non négligeable dans une ville coincée entre la colline de Fourvière et la Saône, les traboules se sont multipliées dans le Vieux Lyon, puis sur les pentes de la Croix-Rousse où elles permettaient de transporter les ballots de soie à l'abri des intempéries, mais aussi dans la Presqu'île. Pendant l'Occupation, elles sauvèrent plus d'un résistant caché dans ses dédales.

Malgré les destructions, on compte aujourd'hui plus de 300 traboules dans Lyon. Il convient au visiteur de ne jamais oublier qu'il s'agit là de passages privés, parfois

... *l'autre*

Du 54, rue Saint-Jean au 27, rue du Bœuf, 5e.

Du 14, rue Leynaud au 13, rue des Capucins, 1er.

fermés par les riverains. Néanmoins, des conventions signées avec la Ville de Lyon et la Communauté urbaine autorisent depuis quelques années le libre accès diurne à nombre d'entre elles.

Dans le Vieux Lyon, l'une des plus longues traboules de la ville fait communiquer le 27, rue du Bœuf et le 54, rue Saint-Jean par cinq cours successives aux belles architectures anciennes… Sur les pentes de la Croix-Rousse, le 9, rue Colbert traboule sur plusieurs niveaux avec le 29, rue Imbert-Colomès. Du n° 20 de cette rue, il est possible de ressortir au n° 55 de la rue des Tables-Claudiennes… Dans la Presqu'île, le 8, rue du Plâtre traboule par deux cours avec le 23, rue Longue. Le 1, rue Gaspard-André communique avec le 2, rue Charles-Dullin, *via* une cour où se trouvent des restes de l'ancien couvent des Célestins. Le 35, rue Auguste-Comte correspond avec le 23, rue des Remparts-d'Ainay…

7

Mais que fait la Garonne à Lyon ?

1er arrondissement
Fontaine de Bartholdi
Place des Terreaux

Au diable la géographie ! La jeune femme à la poitrine largement dénudée et les gamins qui l'entourent, tous en plomb martelé, sur un char formé de coquillages tiré par quatre vigoureux chevaux marins n'ont absolument rien à voir avec la Saône, toute proche, et les petits gones qui jouent encore au ballon alentour. Il s'agit en réalité de la Garonne encadrée par ses affluents, qu'un hasard de circonstances a fait émigrer en terre lyonnaise.

Le scénario de départ est habituel : au Moyen Âge, le lieu est d'abord occupé par des remparts et des fossés – en latin *terralia*, ce qui donnera Terreaux – fermant la ville au nord. Ces derniers, où l'on s'exerce volontiers à l'arbalète et à l'arquebuse, sont ensuite comblés, formant une place sur laquelle se tient longtemps… le marché aux cochons. C'est aussi l'endroit habituel des exécutions capitales, où l'on dresse, au choix, le bûcher pour les hérétiques, la roue pour les manants, l'échafaud pour les gens de bien, expédiés au glaive, tel le beau Cinq-Mars, favori de Louis XIII, qui a provoqué la colère du terrible Richelieu.

Quand, à partir de 1646, le consulat – la municipalité de l'époque – y fait bâtir à grands frais le nouvel hôtel de ville, l'eau destinée à son alimentation sert aussi au fonctionnement d'une fontaine dressée au centre de la place. Trois autres fontaines, souvent banales, parfois mesquines, lui succéderont jusqu'en 1892.

Or justement, en visitant l'Exposition universelle de Paris en 1889, plusieurs notables lyonnais ont remarqué une fontaine monumentale due au ciseau du sculpteur Frédéric Auguste Bartholdi. Ils réussissent à convaincre le maire, Antoine Gailleton, d'acheter le monument pour Lyon. Il s'agit en fait de l'une des deux fontaines latérales que Bartholdi destinait précédemment à la ville de Bordeaux. La Ville entame de longues tractations financières avec Émile Gaget, ami et fondeur du sculpteur, et réussit à obtenir un confortable rabais au grand dam de l'artiste ! Reste à trouver son emplacement. L'installation s'effectue finalement durant l'été 1892 face à la Maison commune, devant l'ordonnance toute haussmannienne de l'immeuble bordant la place à l'ouest, et le monument est inauguré le 22 septembre, jour anniversaire de la proclamation de la République.

Un siècle plus tard, les bassins formant le socle de la fontaine sont ôtés, en prélude au percement d'un parking sous la place. Puis le monument lui-même est déplacé, tourné de 90° et installé devant le mur hétérogène constitué des anciens immeubles de la face nord. Une élément subsiste, intact : le nom du sculpteur gravé au col de l'amphore sur laquelle la femme pose le pied.

Le couvent des Arts

1er arrondissement
Musée des Beaux-Arts de Lyon
Palais Saint-Pierre
20, place des Terreaux
Fermé le mardi

C'est un havre de fraîcheur, de silence et de beauté au cœur même de Lyon qui s'offre aux visiteurs, à quelques mètres seulement de la bruyante place des Terreaux. Dans ce jardin, au milieu des frondaisons agrémentées de sculptures de Rodin, Carpeaux ou Bourdelle, le temps est suspendu. Quel meilleur vestibule imaginer pour le musée des Beaux-Arts de Lyon, superbement restauré par l'architecte Jean-Michel Wilmotte de 1990 à 1998 ?

Dès le VIe siècle s'élevait là un vénérable couvent, flatteusement devenu « une abbaye royale » dont le roi nommait lui-même l'abbesse. Les riches Dames de Saint-Pierre sont des nonnes de haute noblesse qui ont quitté la vie commune. Cultivées, elles sont – et notamment au Grand Siècle – très au fait des réalités artistiques de leur époque. En 1659, elles confient la complète reconstruction de leur claustral à l'architecte avignonnais Paul de Royer de la Valfenière, lequel met un quart de siècle à édifier un véritable palais à l'italienne.

Goût des arts, raffinement des mœurs, tout cela suscite des commentaires peu amènes du voisinage quant à la religiosité des occupantes. On parle d'apparitions dès 1517, date à laquelle ces Dames auraient vu un chien noir aux yeux étincelants passant, dit-on, à travers les murailles. On évoque les turpitudes supposées de la défunte abbesse, Alice de Tésieux, qui aurait vendu son âme au diable et dont le spectre reviendrait tourmenter les vivantes. On signale des cas de possessions parmi les jeunes novices, qui obligent à la venue de l'archevêque portant le saint sacrement… et au renvoi d'un jeune jardinier au visage avantageux. Après quoi tout rentre dans l'ordre.

La Révolution chasse les moniales ; les bâtiments, plusieurs fois restaurés et modifiés, passent à la Ville pour devenir… un dépôt de linge puis, plus artistiquement, une sorte de centre socioculturel avant la lettre où s'installent pour un temps le musée, le Museum, l'École des beaux-arts, le tribunal de commerce, la Bourse – qui devient le soir une salle de concerts où se produira le jeune Franz Liszt –, la bibliothèque municipale, les facultés…

La fonction de musée de ce lieu hors de la fureur de la ville sera finalement fixée dès le début du XXe siècle.

La maison des têtes

1er arrondissement
Médaillons sculptés
22, rue de Constantine,
angle de la rue Paul-Chenavard

Joseph Marie Jacquard, l'inventeur du métier à tisser qui porte son nom, le dessinateur Jean-Jacques de Boissieu, la poétesse Louise Labé, l'architecte Philibert Delorme sont parmi les Lyonnais dont on peut voir le profil, en médaillon, sur la façade de cette maison.

Lors de la construction de l'immeuble et jusqu'en avril 1895, la rue Paul-Chenavard (du nom d'un peintre lyonnais) n'était encore que la rue Saint-Pierre, en souvenir de l'ancienne abbaye voisine devenue le palais des Beaux-Arts. Ceci expliquerait-il que l'on aperçoit également une statue de saint Pierre, réalisée par le sculpteur Joseph-Hugues Fabisch, auteur de la célèbre Vierge dorée de Fourvière ?

Lyon n'est point avare en monstrations de ce genre et il suffit de lever les yeux dans bien des rues pour s'en persuader : par exemple au n° 11 de la toute proche rue d'Algérie – où l'on retrouve Philibert Delorme et Louise Labé –, au n° 8 de la rue de la Lanterne, ou encore au n° 77 de la rue du Président-Édouard-Herriot et au n° 1 de la rue Childebert, où quatre cariatides de fière allure représentent les Arts appliqués.

Médaillons à l'effigie de Claude Martin (à gauche) et de Guillaume Rouville (à droite).

Sainte qui roule n'amasse pas mousse

1er arrondissement
Statue de sainte Catherine
23, rue d'Algérie,
angle de la rue Sainte-Marie-des-Terreaux

Si l'on devait établir le palmarès des statues placées en façade des hôtels du Vieux Lyon, des immeubles Renaissance voire haussmanniens de la Presqu'île ou de la rive gauche, la Sainte Vierge l'emporterait. Heureusement, d'autres saints et saintes ont aussi leurs abris, modestes ou non. Ainsi cet imposant immeuble de la rue d'Algérie, grande bâtisse distribuée autour d'une belle cour intérieure, qui réserve une niche d'angle abondamment ornée et dédiée à sainte Catherine, vierge et martyre.

La tradition veut que cette fille de la noblesse, convertie de fraîche date au christianisme et à peine âgée de 18 ans, se prenne à interpeller l'empereur Maxence au sujet des idoles païennes que celui-ci vénère. Le Romain prend fort mal la chose, mais, séduit par la beauté de la jeune vierge, lui demande de l'épouser. Elle s'y refuse, ce qui augmente encore l'ire impériale et fait jeter Catherine dans un cachot où une colombe vient la nourrir. Excédé par la résistance sans faille de sa captive, Maximien lui fait infliger le supplice de la roue garnie de pointes de fer, mais la machine se brise après une prière de la vierge. L'empereur la fait alors décapiter ; de son corps s'échappera non pas du sang, mais du lait.

On l'aura compris : sainte Catherine, devenue la patronne des charrons, des rémouleurs, des menuisiers et des potiers, est volontiers présentée avec sa roue. C'est l'inévitable sculpteur Joseph-Hugues Fabisch (voir pages 12, 105 et 164) qui est chargé de sa représentation.

13

Art nouveau et repassage

1er arrondissement
École de la Martinière
33, rue de la Martinière

En 1827 à Lyon, au palais Saint-Pierre puis dans l'ancien cloître des Augustins, ouvre la première école technique de Lyon, laquelle comptera les frères Lumière parmi ses élèves. Mais il faudra attendre trois bons quarts de siècle pour voir naître son homologue réservée aux filles.

Au départ, il s'agit d'une école professionnelle et ménagère où, en plus de l'instruction générale, les jeunes filles reçoivent l'enseignement du commerce, de la broderie, de la confection, mais aussi du blanchissage, du repassage et de la cuisine : c'est la Martinière des filles.

L'apport de la donation faite par Madame de Cuzieu conduit à la construction, par les architectes François Clermont et Étienne Riboud, d'un ensemble de bâtiments articulé autour d'une cour d'honneur fermée par un portail ouvragé, orné d'une très jolie grille métallique, très influencée par l'Art nouveau. La décoration en est particulièrement choisie, rehaussée de plusieurs éléments polychromes. Deux mosaïques, représentant le major Claude Martin (généreux donateur de l'école des garçons, mort à Lucknow en Inde) et la donatrice, accentuent encore l'originalité du lieu.

Le 19 mai 1907, le président de la République, Armand Fallières, vient inaugurer lui-même cette école pionnière… devenue aujourd'hui un établissement mixte.

Un pilier, deux visiteurs

1er arrondissement
Vestiges de l'ancien couvent des Carmes
Place de la Paix

Ce discret fragment d'arcade en pierre, frôlé par d'indifférentes automobiles, est pourtant de bien noble origine : c'est le reste de l'ancien couvent des Carmes, jadis l'un des plus importants de Lyon.

Arrivés dans la ville en 1291, ces religieux ont toutes les peines du monde à s'installer sur le grand terrain qu'ils achètent là, en 1303. C'est que, peu chrétiennement, les ordres préalablement établis dans le voisinage multiplient embûches et chausse-trappes à leur égard. N'empêche, les bons pères résistent si bien que les constructions se multiplient : plusieurs cloîtres, une belle église gothique en 1495… Tout cela sera vendu à la Révolution, puis détruit pour faire place à des immeubles de rapport.

Les Lyonnais eux-mêmes ignorent, bien souvent, que ce couvent accueillit, lors de ses séjours dans la ville, un sulfureux médecin aventurier de la Renaissance, Cornelius Agrippa, soupçonné d'astrologie et de magie. Ayant enseigné à Cologne, Pise, Genève et bravé bien des interdits, il s'établit comme médecin à Lyon en 1524, remarqué par la régente Louise de Savoie, mère de François Ier. On le retrouve ensuite à Bruxelles, protégé par Marguerite d'Autriche, gouvernante des Pays-Bas. Ces appuis ne sont pas suffisants pour lui éviter la prison après le scandale de son ouvrage, *De philosophia occulta,* qui le fait accuser de sorcellerie. Libéré, il regagne la France et séjourne à Lyon où il est à nouveau jeté en prison. À sa sortie, il s'en va finir son existence à Grenoble.

Un enfant autrement célèbre s'est aussi arrêté là : le tout jeune Wolfgang Amadeus Mozart, en tournée de concerts durant l'été 1766. En compagnie de son père, le gamin entend en l'église des Carmes une messe qui produit sur lui une profonde impression : elle est interprétée par 20 chanteurs, 12 instrumentistes … dont un duo de cors de chasse !

15

Who's who ?

1er arrondissement
Le mur des Lyonnais
Angle de la rue de la Martinière
et du quai Saint-Vincent

Ils sont trente, pas un de moins, à poser aux fenêtres et balcons en trompe-l'œil de cet immeuble : c'est l'un des plus fameux murs peints réalisés aux quatre coins de la ville grâce à des financements privés par les artistes de la Cité de la Création.

Le jeu consiste donc à retrouver qui est qui sur cette immense surface de 888 m². Quelques contemporains, tel le cinéaste Bertrand Tavernier, caméra à l'épaule, y voisinent avec de grands anciens, hommes et femmes, plus ou moins facilement identifiables. Pas de gros problèmes pour les frères Lumière face à leur invention : le cinématographe ; pour l'inventeur Jacquard montrant un grand carré de soie tissée ; pour Laurent Mourguet et son enfant de marionnette : Guignol.

Les choses se compliquent un rien avec le maire Édouard Herriot, le « Doudou » pour ses administrés, discutant avec son architecte préféré, Tony Garnier ; avec Claude Bernard en toge professorale ; avec la belle Madame Récamier… Le botaniste Jussieu herborise, le major Martin regarde et Saint-Exupéry observe, en compagnie du Petit Prince bien sûr.

16

La maison du Seigneur

La date gravée l'atteste : c'est en 1672 que furent installées la porte et l'imposte de cet immeuble. Connaissant ses classiques, le propriétaire fit graver sur le linteau, en langue originale, une maxime du *De Officiis* de Cicéron : « Non domo dominus sed domino domus », traduit par : « Non pas le Seigneur pour la maison, mais la maison pour le seigneur ».

La petite rue du Sergent-Blandan, du nom d'un militaire lyonnais mort héroïquement au combat en Algérie, le 11 avril 1842, et qui possède son effigie sur la place Sathonay toute proche, décline ainsi toute une série d'immeubles anciens. Ainsi le n° 10 traboule par une cour possédant un superbe escalier extérieur doté de balcons à grille avec le n° 7 de la rue de la Martinière. Le lieu eut son heure de gloire sulfureuse : en 1875 vivait ici l'abbé Boullan, prêtre défroqué qui passait pour y dire des messes noires…

17

L'amphithéâtre des martyrs

1er arrondissement
Amphithéâtre des Trois-Gaules
Rue des Tables-Claudiennes

C'est en l'an 19 après J.-C. que débuta la construction de cet amphithéâtre, dont on peut voir désormais une partie, délivrée de sa gangue de terre. Les textes anciens et l'épigraphie l'affirment : c'est l'un des plus anciens de Gaule.

Son emplacement est logiquement situé tout près du sanctuaire des Trois Gaules (Lyonnaise, Belgique, Aquitaine), édifié en 12 av. J.-C., où chaque été les délégués des soixante nations gauloises se réunissaient devant l'autel de Rome et d'Auguste ; cérémonies religieuses et spectacles profanes se déroulaient dans l'amphithéâtre dont la capacité, au IIe siècle, fut portée à 26 000 places, faisant de cet édifice le plus grand de Gaule.

Trois campagnes de fouilles menées entre 1966 et 1978 ont permis d'exhumer le tiers du monument aujourd'hui visible. En 1986, le pape Jean-Paul II a inauguré une dalle en marbre et un poteau en bois destinés à y commémorer le martyr des premiers chrétiens lyonnais, dont l'évêque Pothin et la vierge Blandine jetés aux lions en l'an 177.

Longtemps admis, la chose et surtout le lieu sont aujourd'hui discutés. Certes les martyrs en question sont rapportés, par Eusèbe de Césarée dans sa *Lettre des chrétiens de Vienne et de Lyon à leurs frères d'Asie et de Phrygie*, écrite pas moins de 150 ans après les faits, mais de façon imprécise. Certains pencheraient donc pour la ville voisine – et rivale – de Vienne, très importante à l'époque romaine.

Une église bien née...
mais sans escalier

1ᵉʳ arrondissement
Église du Bon-Pasteur
25, rue Neyret

De loin, vus à travers les arbustes du jardin des Plantes, c'est plutôt le clocher octogonal et sa flèche néo-gothique qui peuvent surprendre dans l'équilibre de cet édifice de style pseudo-roman. L'architecte Clair Tisseur l'avait bien prévu ainsi, calqué sur celui d'Ainay, mais le curé de la paroisse tenait à sa flèche dominant Lyon. Il convainquit Joseph Malaval, jeune assistant de Tisseur, de se prêter au jeu. De près, c'est encore pire : la malheureuse église du Bon-Pasteur possède une façade incomplète, dépourvue d'un escalier frontal qui permettrait de gagner le portail situé à plus de 4,50 mètres de la rue !

Pourtant, tout commence plutôt bien quand le cardinal de Bonald, archevêque de Lyon, décide en 1855 de créer une nouvelle paroisse afin de desservir le nouveau quartier ouvrier né depuis peu sur les pentes de la Croix-Rousse. On lance une souscription, la chambre de commerce apporte son obole, on achète un terrain et une petite église provisoire est ouverte le 16 mars 1856, le jour même où naît le prince impérial. Le curé Callot, ayant appris que « leurs majestés impériales adoptaient, en qualité de parrain et de marraine, tous les enfants de la France nés ce jour-là », se dit que son enfant spirituel valait bien les autres et écrivit à l'empereur pour demander son adoption. Effectivement, quinze jours plus tard, un décret impérial établit l'existence légale de la paroisse du Bon-Pasteur. Mieux, courant août 1860, le couple impérial, en visite à Lyon, passe voir l'église provisoire.

La suite ne se déroule pas comme prévu : la guerre repousse le démarrage du chantier, les choses traînent, finissent par arriver en 1875 devant le conseil municipal, sans grand résultat. Pour doter l'église d'un moyen d'accès, on convient de détruire une caserne lui faisant face... ce que l'État laïc et républicain se garde bien de faire. On devra installer des entrées latérales pour accueillir les fidèles, avant que l'église, fermée au culte, ne finisse comme annexe de l'École des beaux-arts finalement construite à la place de la caserne avant qu'elle ne gagne, en mars 2007, les bords de Saône !

Le fantôme du jardin des Plantes

1er arrondissement
Monument dédié à Auguste Burdeau
Jardin des Plantes
Face au n° 12 de la rue Burdeau

Un historien de l'art pourrait parler d'un édicule en forme de niche dont le fond représente le Panthéon, entre deux colonnes composites coiffées de chapiteaux corinthiens et supportant un fronton triangulaire sculpté. Il ajouterait que l'édifice est flanqué de deux socles supportant chacun un lion prêt à bondir et doté sur le devant d'une fontaine adossée à un mur, lui-même encadré de volutes et orné d'un macaron en forme de tête grotesque.

Mais il manque l'essentiel à ce monument dû à l'architecte Gaston Trélat : la statue d'Auguste Burdeau, sculptée dans le bronze par Alfred Boucher. Victime comme tant d'autres de la grande « rafle » de 1942, elle n'est toujours pas remplacée !

Né en 1851 dans la famille d'un modeste artisan tôt disparu, le petit Auguste doit travailler dès l'âge de 10 ans pour subvenir à ses besoins. Apprenti canut, il réussit à entrer comme boursier au lycée de Lyon (actuel lycée Ampère), puis au fameux collège Sainte-Barbe de Paris. Reçu à l'École normale, engagé volontaire en 1870, fait prisonnier par les Prussiens, il s'évade par deux fois et reçoit la Légion d'honneur à l'âge de 20 ans. Agrégé de philosophie, il enseigne à Nancy et à Paris.

Ce fort en thème, remarqué par Léon Gambetta, entre en politique où il va connaître une ascension fulgurante : il est tour à tour député du Rhône, chargé d'un rapport sur l'Algérie, ministre de l'Instruction publique, de la Marine et des Colonies, des Finances. Élu président de la Chambre des députés en juillet 1894, il meurt brusquement en décembre de la même année, alors que son nom est fâcheusement apparu sur la liste des députés « chéquards » cités lors du scandale de Panama. Il n'en a pas moins droit à des obsèques nationales.

Si à Lyon, du monument, il ne reste que la coquille vide, Burdeau a eu plus de chance à Paris : sa tombe au cimetière du Père-Lachaise est entière et son buste, sculpté par Alfred Boucher, toujours en place.

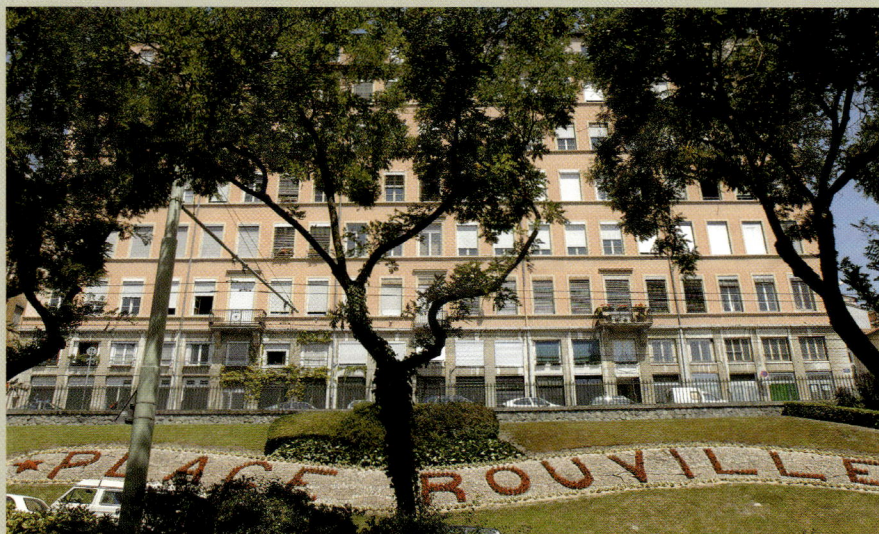

Une maison qui compte

1er arrondissement
Façade de la maison Brunet
5 et 6, place Rouville

À première vue, le grand bâtiment qui borde la place Rouville sur sa face nord ressemble à bien des imposants immeubles élevés sur les pentes de la Croix-Rousse, au début du XIXᵉ siècle, par la bourgeoisie marchande et triomphante. Ici par le sieur Brunet.

Mais l'architecte requis, sans doute féru de numérologie, s'est employé à construire une maison symbolique qui comporte autant de fenêtres que de jours dans l'année, soit 365. De même, elle possède autant d'entrées que de saisons, c'est-à-dire 4, autant d'appartements que de semaines dans l'année, donc 52, enfin autant d'étages que de jours dans la semaine… dimanche exclu, soit 6.

En 1831, lors de la première grande révolte des canuts, ceux-ci, traqués par les troupes royales, se barricadent dans la maison Brunet : devenue une vraie forteresse, elle ne sera reprise par les forces de l'ordre qu'après de sanglants combats.

Nourritures terrestres... et spirituelles

1er arrondissement
Les Subsistances
8 bis, quai Saint-Vincent

Les grandes façades des Subsistances, alignées comme à la parade, évoquent de façon certaine un univers très militaire. Il est vrai que les belles bâtisses, aujourd'hui vouées à l'hébergement d'artistes contemporains, étaient au XIXe siècle une grande caserne, développée sur 22 000 m² de surface. Cet édifice est alors dévolu aux subsistances militaires, réunissant ateliers, minoterie, magasins, entrepôts de denrées… destinées aux nombreux soldats alors cantonnés dans les forts et les casernes de la ville.

Mais bien avant nos sémillants militaires, les Visitandines de l'ordre de Sainte-Marie-des-Chaînes priaient ici le Seigneur tout en aidant à la lutte contre la fraude. Installées stratégiquement en bords de Saône depuis 1641, elles savaient bien que la municipalité faisait tendre, chaque soir, des chaînes sur le fleuve, à hauteur du couvent, par sécurité mais aussi pour lutter contre la contrebande de marchandises entrant par voie fluviale et nocturne afin de ne pas payer l'octroi.

Les militaires partis en 1995, les terrains passés à la Ville, l'éternelle question se posa : que faire du site ? Jouant l'audace contre la frilosité lyonnaise habituelle en la matière, la municipalité Barre opta pour un lieu de création apte à recevoir plasticiens, comédiens, metteurs en scène, chorégraphes pouvant travailler à leur aise dans les divers bâtiments reconvertis, autour d'une grande verrière centrale. C'est un endroit désormais incontournable pour les curieux… et les esthètes lyonnais.

Le sabotier en sa demeure

Voilà une petite maison entourée de bien des mystères. Son allure peut surprendre et l'on ne sait quasiment rien sur ses propriétaires, un homme et une femme dont les visages figurent sur des médaillons ornant une façade de l'entre-deux-guerres. Ils sont entourés chacun d'une douzaine de sabots, ce qui semble indiquer que le couple exerçait ses activités dans le domaine de la saboterie.

Sur une autre façade, on retrouve notre couple dansant la bourrée. Soit, mais cela n'éclaircit guère le mystère, surtout si l'on sait qu'autrefois la maison passait pour recevoir, au premier étage, de discrètes réunions se livrant à l'ésotérisme – une pratique courante dans la ville de Lyon, qui hébergea entre autres Nostradamus et Cagliostro.

La rue de la Poudrière, quant à elle, rappelle l'existence, non loin, d'un magasin de poudre, construit en 1699 et dont l'un des directeurs, point trop porté vers les choses de l'esprit, suscita lors de son décès cette épitaphe d'un gone malicieux :

« Ci-gît le bon Monsieur de Courdres,
Renommé pour sa pesanteur ;
S'il eut un emploi dans les poudres,
Ce ne fut pas comme inventeur. »

Un boulodrome coquin

1er et 4e arrondissement
Le clos Jouve
En face du 28, boulevard de la Croix-Rousse
(au niveau du stade Roger-Duplat)

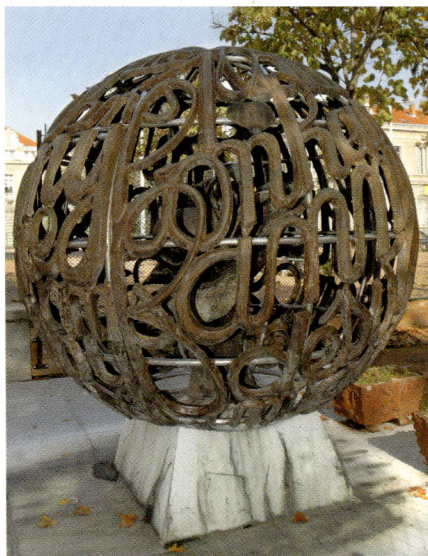

« En le voyant passer, j'en eus la chair de poule
Enfin, je vins au monde et, depuis, je lui voue
Un culte véritable et, quand je perds aux boules
En embrassant Fanny, je ne pense qu'à vous. »
(*Vénus callipyge*, Georges Brassens, 1965)

En 1850, sur le plateau de la Croix-Rousse, Le clos Jouve est la première société bouliste structurée dans une ville pratiquant, selon une vieille tradition, le jeu dit « de grosse boule », de « boule longue » ou encore de « boule lyonnaise ». On joue alors aux quatre coins de la ville, en particulier sur les quais bas du Rhône.

En juin 1894, à Perrache, sur le vaste cours du Midi qui n'est point encore le bétonné cours de Verdun, se tient le premier concours de la boule lyonnaise réunissant pas moins de 1200 joueurs. Au printemps 1900, sur la place Bellecour et avec la participation du journal *Le Progrès de Lyon,* est organisé le concours de boules de Pâques, plus tard déplacé au Confluent. Et c'est encore à Lyon qu'est inventée en 1923 la « boule », sphère creuse en bronze d'aluminium, laquelle voit le jour… dans un atelier de fabrication de menottes.

Par ailleurs, dans le quartier, à la fin du Second Empire, la célèbre et légendaire Fanny, une accorte lyonnaise, promène sa plantureuse plastique d'un boulodrome à l'autre. Les perdants, consentants ou non, devaient embrasser son postérieur. Une pratique qui engendrera une expression toujours utilisée dans le vocabulaire des gones : « Baiser la Fanny ».

Déplacé de l'autre côté du boulevard, réduit, le clos Jouve a encore ses habitués, d'autant plus que l'on peut toujours y rencontrer la pittoresque Fanny, sous forme d'une plantureuse créature imaginée en 1987 par la sculptrice Geneviève Böhmer. Elle réserve d'ailleurs une surprise au visiteur…

Baldaquin de luxe

Jadis, il y avait là, en rase campagne, un vaste pré appelé La Giroflée, car cette fleur y poussait en abondance. À cet endroit s'élève aujourd'hui l'une des plus belles églises baroques de Lyon, l'église Saint-Bruno, servant d'écrin blanc et or à une petite merveille de l'art rococo : un baldaquin de plâtre et de tissu mêlés, aux plis opulents et retombants, dessiné par le décorateur italien Giovanni Niccolo Servandoni et installé en 1743. Supporté par quatre colonnes de marbre, il surplombe un opulent maître-autel, devant un chœur conventuel couvert de magnifiques boiseries, sculptées par Van der Heyde, lequel a également réalisé les cadres en bois doré des deux peintures les surmontant : *L'Ascension du Christ* et *L'Assomption de la Vierge*, réalisées en 1737 par Pierre Charles Trémolières, un élève du fameux Van Loo. L'ensemble a récemment été restauré de belle manière.

Le moins que l'on puisse dire est que l'édification de ce saint lieu ne s'est point faite dans la précipitation. En 1586, quand les Chartreux s'installent à cet endroit, baptisé « chartreuse du Lys-Saint-Esprit » par le roi Henri III lui-même – du nom de l'ordre de chevalerie qu'il vient de créer –, les bâtiments conventuels sont rapidement construits, mais l'édification du sanctuaire va s'étaler sur trois siècles. Le chœur et une partie du transept datent du XVIIᵉ siècle, le reste du transept, la nef et le dôme octogonal, dus à l'architecte lyonnais Ferdinand Delamonce, sont du XVIIIᵉ siècle, et la façade néodorique ne sera plaquée sur l'ensemble qu'en 1872 par Sainte-Marie Perrin, le second architecte de Fourvière. Quel harmonieux composite, au final !

Une école au château

1er arrondissement
Façade Renaissance
Institut universitaire de formation des maîtres
78-80, boulevard de la Croix-Rousse

Les élèves instituteurs de Lyon savent-ils que le portail d'entrée de leur IUFM date de la Renaissance ? C'est d'autant moins sûr que l'école elle-même présente une façade post-haussmannienne dépourvue de toute préciosité…

Édifié entre 1886 et 1888 par l'architecte lyonnais Marie-André Bellemain, ce bâtiment est agrémenté d'un bel amphithéâtre audacieusement construit sur pilotis autour d'une galerie en rotonde. Celle-ci surplombe la rue de la Tourette qui longe l'école en descendant vers la Presqu'île.

C'est justement d'un château existant jadis en cette rue que provient le portail d'entrée surmonté d'armoiries, rappelant une ancienne famille lyonnaise de la noblesse d'échevinage : les Claret de Fleurieu de la Tourette. Noble et éclectique, l'un de ses membres fut prévôt des marchands de Lyon en 1740, un autre fut écrivain et ami de Voltaire, un troisième trouva le moyen d'être successivement ministre du roi Louis XVI et sénateur de l'empereur Napoléon. Un sacré parcours !

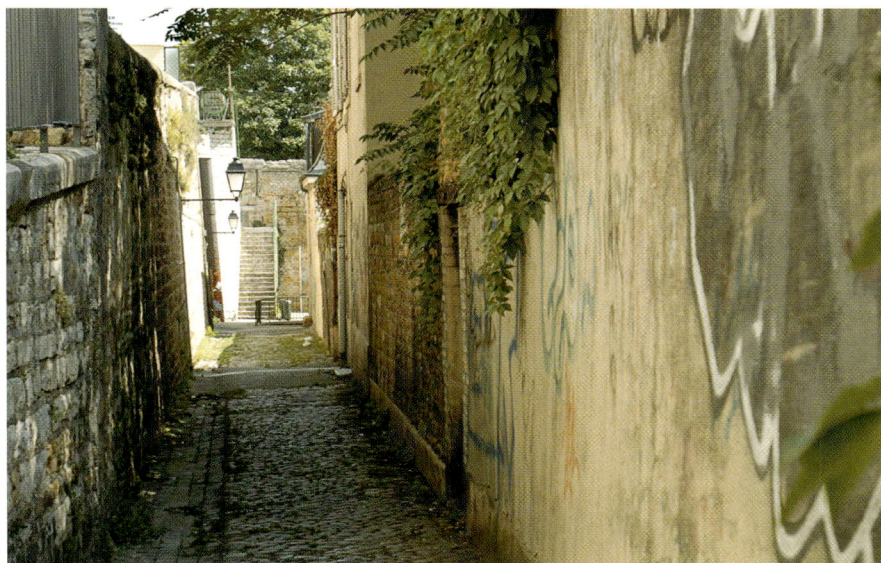

La ruelle oubliée

1er arrondissement
Ruelle des Fantasques,
reliant le haut de la montée Coquillat
à la rue des Fantasques

Qui étaient donc les Fantasques ? Aujourd'hui encore, le mystère subsiste, à peine éclairci dans un almanach de Lyon datant de 1745 pour lequel « on nomme ce chemin ainsi parce que c'est un endroit fort écarté, servant à des gens d'un caractère particulier, qui veulent éviter la compagnie ». On aimerait en savoir plus… Lieu discret mais plutôt risqué si l'on en croit un ancien chroniqueur qui signale « que, jadis, des brigands et larrons se cachaient en ces lieux pour détrousser et assassiner les voyageurs arrivant par la route de Bresse… ».

Construite en encorbellement sur la face est de la colline de la Croix-Rousse, au-dessus de jardins conservés *in situ*, l'actuelle rue des Fantasques offre une vue superbe sur les quais du Rhône et tout l'Est lyonnais. On ne peut en dire autant de la mystérieuse ruelle des Fantasques, oubliée de tous, qui longe discrètement sa grande sœur sur une centaine de mètres, juste en dessous : bordée de murs aveugles, encore pavée, elle n'est pas sans évoquer les impasses glauques des romans d'Eugène Sue et de Pierre-Alexis Ponson du Terrail.

En mémoire des canuts

1ᵉʳ arrondissement
Cour des Voraces
9, place Colbert

C'est l'une des merveilles cachées que Lyon aime à réserver aux plus curieux de ses visiteurs. Une simple cour fermée datant des débuts du XIXᵉ siècle, quand, après la Révolution, les immenses enclos religieux, vendus, sont lotis de hauts immeubles de rapport dévolus aux « canuts », ces tisseurs en soierie qui vont tant contribuer à la richesse de la cité.

Avec ses escaliers extérieurs à rampes de fer forgé, son bel escalier monumental inscrit à l'Inventaire supplémentaire des Monuments historiques, la construction s'élève sur huit niveaux, regroupant une soixantaine d'appartements réhabilités récemment par l'association Habitat et Humanisme.

Les Voraces ! Des canuts en colère réclamant des réformes sociales ; des ouvriers en guerre contre leurs patrons, bien décidés à « vivre libre en travaillant ou mourir en combattant ». Leur nom viendrait d'une loge mutualiste réunissant un groupe de canuts, Le Devoir mutuel, qui tenait là ses réunions et d'où partirent les révoltes de 1831 et de 1834. On parla des « Dévoirants », puis, par déformation, des « Dévorants », ou encore des « Voraces ».

Une autre hypothèse évoque une mesure du gouvernement décidant en 1846 de modifier la contenance du fameux « pot » lyonnais, dans lequel les cafetiers servaient le vin. Elle passa alors de 1,04 litre à 46 centilitres afin de s'aligner sur la contenance du pot parisien. Un groupe de canuts, piliers des bistrots de la Croix-Rousse, protesta vigoureusement, exigeant « voracement » le maintien de l'ancienne mesure.

Une chose est sûre : la colère des canuts. Lors de la Révolution de février 1848, les Voraces constituent de véritables milices armées qui occupent les fortifications du plateau, multiplient les visites domiciliaires et affolent la bourgeoisie, avant d'être désarmés par le gouvernement républicain, en juin suivant.

En descendant, montez donc !

Petite perle du vocabulaire lyonnais, la formule peut surprendre… Elle fut imaginée par le comédien Louis-Elie Périgot-Fouquier *alias* la Mère Cottivet, personnage de scène puis de radio inventé en 1891 qui débitait ses monologues en vieux parler lyonnais. Habitant au « cent moins un », c'est-à-dire au n° 99 de la montée de la Grande-Côte, la pittoresque concierge aimait à manier l'expression…

Grimpant raide depuis les Terreaux jusqu'au plateau de la Croix-Rousse, elle est la voie de montée la plus ancienne, mais malheureusement fort maltraitée par l'urbanisme sauvage des années 1960. Son sommet, à l'angle de la rue du Bon-Pasteur, offre l'un des plus beaux panoramas sur la ville.

Liens ancestraux reliant sa presqu'île et ses deux collines, Lyon possède quantité de montées volontiers dotées d'escaliers. Pour la seule Croix-Rousse, outre la montée de la Grande-Côte, on peut y ajouter, côté est, la montée Saint-Barthélemy qui longe le domaine de la résidence hôtelière Villemanzy – un ancien couvent devenu un temps caserne –, la montée du Boulevard, la sinueuse montée Bonnafous et la minuscule montée Coquillat, qui grimpent toutes depuis le Rhône. Sans oublier la rue Joséphin-Soulary qui sillonne le plateau avant de finir en escaliers sur les pentes.

Côté ouest, depuis les bords de Saône, on a le choix entre le verdoyant passage Gonin, le très pentu chemin du Vallon, la rue de la Muette et ses 265 escaliers, la montée de la Butte ou la montée Hoche.

Un poids, une mesure

1er arrondissement
Centre culturel de la Condition des soies
7, rue Saint-Polycarpe

L'arc en plein cintre du porche d'entrée du 7, rue Saint-Polycarpe offre une décoration associant lions, vers à soie et feuilles de mûriers, qui rappelle sa destination première : le contrôle des soies. L'histoire de ce bâtiment se confond avec celle d'un commerce soumis, dès l'origine, à un véritable casse-tête : comment standardiser le poids de la matière première, au mieux des intérêts contradictoires des vendeurs et des acheteurs ? La difficulté étant de pouvoir garantir la quantité d'eau contenue par une fibre qui absorbe aisément l'eau que lui fournit l'humidité ambiante, porte ouverte à de nombreux trafics.

La chambre de commerce prend les choses en main, après le passage à Lyon de Napoléon, qui signe le 20 octobre 1805 un décret créant dans la ville une « Condition des soies » visant à abriter les ballots de soies et à évaluer leur humidité lors des opérations marchandes.

Sur concours, l'architecte Joseph Jean Gay élève alors, entre 1809 et 1814, un bâtiment inspiré des palais florentins, à l'époque soigneusement isolé des immeubles environnants afin de réduire la propagation d'incendies. En 1856, l'édifice est surélevé d'un étage, puis fait l'objet, en 1884, de nouveaux travaux pour servir également au conditionnement de la laine et du coton.

Aujourd'hui, seule la plaque apposée en façade rappelant les travaux de Louis Pasteur sur les maladies du vers à soie évoque l'origine de ces murs qui abritent désormais un centre socioculturel, ainsi qu'une annexe de la bibliothèque municipale.

Ils résistaient

Les lieux du souvenir où s'est construite, s'est développée, s'est cachée, fut arrêtée, renaquit la Résistance lyonnaise, ne manquent pas de par la ville.

Dans le quartier d'Ainay se trouvait le domicile secret d'Henri Frenay, rue Auguste-Comte – l'appartement clandestin ayant abrité le mouvement Combat. Au n° 6 de la rue René-Leynaud logeait le journaliste du même nom, qui hébergea Albert Camus avant d'être arrêté par la Milice et fusillé à l'âge de 33 ans. Au n° 21 de la même rue, l'imprimeur Pons réalisa les clandestins *Cahiers du Témoignage Chrétien*, des tracts antinazis et des faux papiers, avant d'être arrêté et de mourir en déportation. Le bureau de l'Armée secrète se tenait au n° 3 de la rue des Marronniers, avec sa sortie secondaire sur le quai du Rhône. Dans le quartier Montchat, au n°18 du cours qui porte aujourd'hui son nom, le docteur Jean Long soignait les résistants, jusqu'au soir où trois hommes sont venus le chercher pour le conduire auprès d'un pseudo-malade…

L'un des lieux les plus émouvants de cette Résistance lyonnaise est sans doute le 12, rue Sainte-Catherine. C'était alors le siège du Bureau des œuvres sociales juives, qui dépendait de l'Union générale des Israélites de France, organisme créé… par le gouvernement de Vichy. Les actions de sauvetage des Juifs, en particulier des enfants, n'y manquèrent pas. Le 9 février 1943, la Gestapo fit irruption dans les locaux et arrêta le personnel comme les visiteurs. 86 personnes furent déportées à Auschwitz dont 2 seulement purent s'échapper. Cette rafle, qui avait été commanditée par Klaus Barbie, fut l'une des charges reconnues contre lui lors de son procès, tenu à Lyon en 1987.

Huit Muses
seulement pour l'Opéra

1er arrondissement
Opéra de Lyon
Place de la Comédie

Que le visiteur qui lève la tête vers la façade de l'Opéra ne s'y reprenne pas à deux fois pour compter les Muses. Elles ne sont bien que huit ! Uranie manque, seule fille de Zeus et de Mnémosyne (la Mémoire) à ne pas avoir son effigie sur l'attique du bâtiment élevé entre 1827 et 1831 par les architectes Antoine-Marie Chenavard et Jean-Marie Pollet, et surmonté d'une voûte en verre édifiée par leur confrère Jean Nouvel, en 1993. La raison de cette absence ? Les règles mêmes de l'architecture, exigeant un nombre pair de colonnes pour encadrer les hautes fenêtres.

Pour autant, les huit statues ne rejoignent que tardivement la façade en juillet 1863, et n'y demeurent pas très longtemps. Rongée par le brouillard lyonnais, une partie de l'anatomie de Terpsichore tombe sur la place de la Comédie le 24 décembre 1895. Triste Noël pour les Muses qui, branlantes et décrépites, doivent alors descendre de leur socle pour une indispensable restauration.

Après de laborieuses discussions sur le choix du matériau, les conseillers municipaux se décideront pour la fonte, moins noble mais moins coûteuse que le bronze. « À cette hauteur, les Lyonnais ne feront pas la différence », lâche même un élu. En janvier 1912, les nouvelles sculptures sont mises en place et *Le Progrès de Lyon* titre alors : « Mises à neuf, elles ne sont toujours que huit. »

Un siècle plus tard, les déesses n'en continuent pas moins de présider aux arts lyriques !

Le Cyclope aux trois yeux

1er arrondissement
Portique de l'hôtel de ville
1, place de la Comédie

Fils adultérins de Poséidon, dieu de la Mer, les Cyclopes de la mytho-logie grecque possédaient un œil unique. Celui de la Maison commune des Lyonnais n'en a pas un, ni deux, mais trois !

À l'origine de ce prodige anatomique autant que sculptural, on trouve les grands travaux de restauration de l'hôtel de ville, entrepris à la fin du XIXe siècle par l'architecte Abraham Hirsch, sous la mandature d'Antoine Gailleton. Bien que le palais soit alors presque tricentenaire, les niches des piliers du portique séparant la cour d'honneur de la cour basse restent désespérément vides. Les édiles décident d'y remédier et quelqu'un propose d'y représenter quatre personnages de la mytholo-gie, *via* une sélection plutôt singulière. Il s'agit du dieu Neptune, de son

épouse Amphitrite, de l'un de ses fils naturels, le Cyclope Polyphème, et de la nymphe Galatée. Un triste sire que ce Polyphème qui se nourrissait de chair humaine et écrasa sous un rocher le bel Acis à qui il désirait ravir, justement, la séduisante Galatée. Dans son *Odyssée*, Homère lui fait capturer Ulysse et ses compagnons, lesquels lui échappent en l'enivrant et en lui crevant son œil unique.

Or en 1883, au moment même d'inaugurer les diverses statues réalisées par le sculpteur Lucien Pascal, on s'aperçoit avec consternation que le Cyclope possède deux yeux. Comme tout le monde. Qu'à cela ne tienne, le désinvolte sculpteur trouve aussitôt la parade : il en rajoute tout simplement un troisième au milieu du front cyclopéen. Et le maire Antoine Gailleton accepte…

Un rendez-vous secret

« À 19 heures, Jean Moulin était assis dans le petit établissement, placé à la première table, près de la porte, face à la rue. Nous avons donc dîné ensemble et sommes restés jusqu'au couvre-feu. À la fin de la soirée, il m'a dit : "J'ai décidé de vous garder comme mon secrétaire." »

Dans le livre qu'il consacre à celui qu'il seconda dans leur combat commun contre l'occupant nazi, Daniel Cordier raconte sa première discussion avec Jean Moulin, dans l'un de ces petits restaurants lyonnais nommés « bouchons », temples dédiés à la bonne chère et à la bonne franquette dont le nombre diminue comme peau de chagrin.

Pour sa part, Le Garet est toujours là, fidèle et illustrant avec brio la quenelle et le tablier de sapeur. Le cadre n'a pas changé ; simplement, une petite plaque en cuivre placée au mur, au-dessus de l'incontournable banquette en cuir, rappelle ce rendez-vous du 26 juillet 1942, qui fut suivi de bien d'autres.

Les deux flèches ne font pas la paire

Nul besoin d'être grand clerc ou architecte émérite pour s'apercevoir que les deux flèches surmontant la façade de l'église Saint-Nizier ne sont point identiques. Et de beaucoup !

La flèche nord, en vrai gothique, couverte de tuiles roses, date de 1454 ; celle du sud, ajourée, regorgeant de dentelles de pierre, est en faux gothique, tel que le concevait l'époque romantique. Elle fut ajoutée en 1855, comme le pignon central, par l'architecte Claude-Anthelme Benoît.

L'histoire de cette église est mouvementée. Sa construction, à partir du XVᵉ siècle, sur la base d'un édifice préexistant plusieurs fois remanié lui-même, est entravée par la guerre de Cent Ans. Le monument, modifié à plusieurs reprises, subit bien des influences, bien des restaurations, bien des modes. Côté septentrional, on y trouve même des pierres romaines de récupération ! Le porche central en cul-de-four, rajouté en 1579 par l'architecte Jean Vallet, offre un superbe ensemble de caissons, surmonté par Dieu le Père et un groupe d'angelots batifolants. L'intérieur, au gothique flamboyant des plus lumineux, aligne les pierres finement taillées. Le maître-autel date du XVIIIᵉ siècle et le mobilier, néogothique, du XIXᵉ siècle.

L'église abrite également plusieurs peintures et diverses statues, comme celle de Notre-Dame-des-Grâces, due au ciseau d'Antoine Coysevox.

Le berceau de l'Écureuil

2e arrondissement
Façade de la Caisse d'Épargne
12, rue de la Bourse

Sculptées par Guillaume Bonnet, deux allégories bien choisies surmontent le porche de la maison de l'Écureuil : le Travail et l'Économie.

La Caisse d'Épargne se devait de posséder un noble bâtiment dans la ville où son fondateur, Benjamin Delessert, avait vu le jour en février 1773. Bon sang ne saurait mentir : son père Étienne avait créé une société d'assurance et une caisse d'escompte ; sa mère correspondait avec Benjamin Franklin et Jean-Jacques Rousseau, qui lui dédia ses *Lettres sur la botanique*.

Delessert fait ses classes en Grande-Bretagne où il sympathise avec James Watt, inventeur de la machine à vapeur. Revenu sur le continent, il lance à Paris la première des Caisses d'Épargne françaises. À sa mort en Angleterre, en 1847, elles sont 250 dans l'Hexagone. La Caisse d'Épargne du Rhône achète en 1858 un terrain dans le nouveau quartier haussmannien de la rue Impériale et y fait édifier, par l'architecte Étienne Charvet, l'imposant immeuble dont on voit ici le fronton.

Le sang du président

2e arrondissement
Plaque à la mémoire de Sadi Carnot
Face au 22, rue de la République

Rue de la République une plaque de marbre, placée sur la façade latérale du palais du Commerce, et un pavé rouge dans le sol rappellent la date et l'endroit où un anarchiste frappa le président Sadi Carnot.

Le dimanche 24 juin 1894, Lyon reçoit le président de la République en visite à l'Exposition internationale qui se tient au parc de la Tête d'Or. Le soir, après un copieux repas pris au palais du Commerce, l'homme politique doit se rendre au Grand Théâtre afin d'y assister à une représentation. Le cortège n'a pas sitôt emprunté la rue de la République qu'un jeune homme fend la foule, se précipite vers le landau officiel et poignarde le président. La voiture fait demi-tour et regagne au galop la préfecture où les sommités médicales lyonnaises se disputent l'honneur de soigner la plaie du moribond, qui décède dans la nuit.

L'assassin, Santo Caserio, jeune anarchiste, apprenti boulanger à Sète, avait fait le voyage jusqu'à Lyon, bien décidé à venger Auguste Vaillant qui avait jeté une bombe à l'Assemblée nationale et à qui Carnot avait refusé la grâce présidentielle.

Quand on apprend que le tueur est d'origine lombarde, la foule se déchaîne contre tout ce qui porte un nom italien à Lyon. Dans la Presqu'île, les vitres des cafés Casati et Maderni, établissements réputés, volent en éclats et leur personnel est molesté ; dans le quartier populaire de la Guillotière, des boutiques italiennes sont incendiées. La troupe doit protéger le consulat d'Italie et le couvre-feu est proclamé.

Après un procès rondement mené, Caserio est guillotiné le 16 août, à l'aube, à Perrache, devant la prison Saint-Paul, face à une foule immense.

ICI
LE 24 JUIN 1894
FRANÇOIS-MARIE SADI CARNOT
PRÉSIDENT DE LA RÉPUBLIQUE FRANÇAISE
FUT POIGNARDÉ MORTELLEMENT
PAR L'ANARCHISTE CASERIO

UNE DALLE ROUGE INSÉRÉE DANS LA CHAUSSÉE MARQUE LE LIEU DE L'ATTENTAT

La guerre des grands magasins a bien eu lieu

2e arrondissement
Anciens magasins
À la Ville de Lyon, puis Grand Bazar, 2, place des Cordeliers
Aux Deux Passages, 42, rue de la République
Grands Magasins des Cordeliers, 6, place des Cordeliers

À Lyon comme à Paris, les grands travaux du Second Empire favorisent la naissance des grands magasins. Aristide Bouci-caut, qui a créé à Paris Le Bon Marché en 1852, fait des émules dans la capitale des Gaules : dès 1856, Jean Dabon-neau ouvre dans la toute nouvelle rue Impériale, à l'angle de la place des Cordeliers, À la Ville de Lyon, que les annonces publicitaires présentent comme « plus vaste que les plus grands magasins de Paris ». Dès l'année suivante, cependant, un rival surgit en la personne de Henry Perrot, employé dans une boutique du passage de l'Argue, qui crée, non loin dans la même rue, le magasin Aux Deux Passages.

(© Bibliothèque municipale de Lyon)

La lutte est vite féroce entre les deux commerçants, même si le premier vise une clientèle populaire et pratique des prix les plus bas possibles, alors que le second s'adresse à une clientèle bourgeoise et élégante. Le combat dure vingt ans et Perrot en sort vainqueur. Dabonneau déménage place des Terreaux, où il crée un maga-sin plus modeste, avant de faire faillite huit ans plus tard. Quant au concurrent, il reprend À la Ville de Lyon par le biais d'une société anonyme (forme peu utilisée alors), qu'il baptise Grand Bazar pour confirmer son orientation populaire. Il l'inaugure le 28 octobre 1886 avec une grande nouveauté : l'éclairage électrique.

Là-dessus, un nouveau personnage entre en jeu, le sieur Sineux, un Parisien, qui décide d'ou-vrir un grand magasin dans un bel immeuble tri-angulaire flambant neuf, près du Rhône. Malgré les interventions du clan lyonnais, il installe ce qui va devenir en 1902 les Grands Magasins des Cor-deliers, ensuite repris par les Galeries Lafayette. Surélevé entre les deux guerres, le grand bâtiment héberge aujourd'hui Planète Saturn dans ses étages inférieurs.

De son côté, l'enseigne Aux Deux Passages, agrandie aux immeubles voisins, fut reprise par Le Printemps, qui s'y trouve toujours. Quant au Grand Bazar, affilié depuis 1951 à la centrale d'achats Prisunic, devenu Monoprix... il est actuel-lement en travaux. Encore une métamorphose ?

Le conclave de la dernière chance

2e arrondissement
Plaque à la mémoire de Clément V
8, place des Jacobins

LE NOM DE CETTE PLACE PERPÉTUE LE SOUVENIR
DU COUVENT DES DOMINICAINS
DITS JACOBINS DONT L'ÉGLISE, N.D. DE CONFORT,
S'ÉLEVAIT ICI

EN 1316 : LE PAPE JEAN XXII Y FUT ÉLU

EN 1348 : LE DAUPHIN HUMBERT II Y CÉDA
LE DAUPHINÉ A LA FRANCE

LA "NATION" FLORENTINE DE LYON Y ÉTABLIT
SON SIÈGE AUX XVe ET XVIe S.

À cet emplacement se trouvait le couvent des Jacobins, dont le vaste cloître s'étendait au sud jusqu'à l'actuelle place Bellecour. Il faut lever la tête un instant pour lire le texte gravé dans la pierre d'une plaque haut perchée. Le promeneur curieux apprend ainsi qu'en ce lieu s'est déroulé, au printemps 1316, un événement pour la chrétienté : l'élection d'un nouveau pape.

Depuis la mort de Clément V, deux ans auparavant, les cardinaux du Sacré Collège sont divisés en trois partis violemment hostiles : le clan italien, le clan provençal et le clan gascon, surtout formé des cardinaux nommés par le pape défunt, Clément V, lui-même originaire de Gascogne. À Carpentras, où s'est tenu dans un premier temps le conclave, on a solidement discuté et sordidement marchandé, jusqu'à ce que des soudards gascons saccagent la ville et assiègent le palais épiscopal. Le roi de France a finalement proposé que le conclave ait lieu à Lyon, ville qu'il vient juste d'annexer, quasiment manu militari, à son royaume, en avril 1312.

Les cardinaux s'y rendent en traînant les pieds et y reprennent leurs interminables palabres. Le 28 juin, ils ne se sont toujours pas mis d'accord sur un nom. De fait, le roi de France se fâche et les hommes d'armes du comte de Forez, son féal, occupent le couvent des Jacobins. Si les prélats ne se mettent pas d'accord, on leur appliquera à la lettre le règlement du conclave : ils seront enfermés là, chacun avec seulement un page et un chapelain, puis réduits au pain et à l'eau.

Au bout d'un mois, comme il faut bien en sortir, les cardinaux élisent Jacques Duèze, vieillard maladif qui devrait faire un bon pape « de transition », sous le nom de Jean XXII. Erreur de jugement : il vivra jusqu'à l'âge de 90 ans et son pontificat de dix-huit ans sera l'un des plus longs du Moyen Âge.

Souvenirs d'or et d'argent

2e arrondissement
Passage de l'Argue
De la place de la République à
la rue Paul-Chenavard

(Coll. part.)

172. LYON. — Passage de l'Argue. — E. R.

En 1825, à la demande d'un particulier, l'architecte lyonnais Vincent Farge perce un passage couvert bordé de boutiques et surmonté d'une verrière, dans un style néo-antique. Cette galerie à la mode abrite les promeneurs des caprices du temps, sous la protection d'une statue de Mercure – dieu du Commerce et des Voyageurs –, inspirée par la célèbre sculpture de Jean de Bologne et de nombreuses fois vandalisée. Son nom évoque les nombreux ateliers ou tréfileries qui y tiraient des lingots d'or et d'argent les fils destinés à l'ornement de vêtements d'apparat tissés en soie.

En 1900 et jusqu'en 1930, on se presse aux Bouffes Lyonnais et au Guignol. Le temps est au divertissement… tout comme aujourd'hui, où le théâtre a été remplacé par un cinéma.

De l'autre côté de la place, en biais, existait un autre passage, plus tardif et plus imposant, détruit dans les années 1960 qui menait jusqu'au Rhône. D'où le nom, Aux Deux Passages, des actuels magasins du Printemps, tout proches.

Un restaurant dans une commanderie

2ᵉ arrondissement
Restaurant la Commanderie des Antonins
30, quai Saint-Antoine

L'ordre des Antonins est fondé en 1095 dans le Dauphiné par Gaston et Guérin dans le but de soigner les malheureux atteints du « feu de Saint-Antoine » – une maladie provoquée par l'ergot de seigle, implantée à Lyon en 1279 en bords de Saône.

En l'an de grâce 1550, la municipalité lyonnaise enjoint aux religieux « de faire retirer leurs pourceaux qui vont de nuit par la ville, autrement elle donnera commission à l'exécuteur de justice de les tuer ».

Effectivement, les moines antonins jouissent alors du privilège de laisser les animaux qu'ils élèvent circuler librement dans les rues de la ville, en quête de nourriture. Une quête « insolite » qui suscite maintes protestations et pétitions des habitants du voisinage.

Aujourd'hui, les moines ne sont plus là depuis longtemps, mais les animaux, finalement, sont restés... qui rôtissent dans l'immense four à bois de La Commanderie des Antonins, le restaurant installé sous les voûtes de l'ancien couvent. Au menu, une cuisine médiévale qui mêle l'épeautre et l'hypocras. Le tout éclairé à la chandelle...

De la chapelle
à la scène

2e arrondissement
Théâtre des Ateliers
30, quai Saint-Antoine
et 3, rue Petit-David

Il faut passer l'entrée du 30, quai Saint-Antoine et grimper jusqu'au premier étage pour atteindre une porte en bois superbement ouvragée, sur le fronton de laquelle se dégage le mot « Guignol », témoignage de l'activité d'un théâtre de marionnettes qui fonctionna jusqu'en 1967.

Cette ancienne chapelle du couvent des Antonins, édifiée au XVIIe siècle, à partir de plans venus de Rome, par le sculpteur Jacques Mimerel, aura connu bien des vissicitudes. À la Révolution, les moines sont chassés, la chapelle est laissée à l'abandon. En 1843, l'architecte Jean-Charles Flachéron la transforme en salle de concert, le Cercle musical, où Franz Liszt se produit pendant l'été 1844. La salle devient en 1864 le théâtre du Cercle de Famille, groupe de comédiens amateurs qui joue la comédie, le drame et le vaudeville. En 1872, elle

prend le nom de théâtre du Gymnase (puisqu'il sert entre-temps à des activités sportives) – où le directeur Maurel fait entrer l'opérette. Puis ce sont les propres petits-enfants de Laurent Mourguet qui y installent Guignol et ses coéquipiers Gnafron et Madelon. Aujourd'hui, l'ancienne chapelle abrite toujours une scène, celle du théâtre des Ateliers (accessible désormais par la rue Petit-David).

Pas de fumée sans feu

À l'origine se tient là une commanderie des Templiers qui occupe, en façade de la Saône, un vaste espace entre les actuelles rue du Port-du-Temple, au nord, et rue des Templiers, au sud. Prennent la suite des moines célestins, membres de cet ordre fondé par Célestin V, pontife qui fut un des rares à avoir « démissionné » du siège de Saint-Pierre.

Ce couvent va connaître une existence mouvementée, régulièrement frappé par les coups du sort : sous Louis XII, un premier incendie ; en 1562, occupation par les huguenots, qui saccagent les bâtiments conventuels ; en 1584, épidémie de peste, qui emporte la moitié des religieux ; en 1622, deuxième incendie ; en 1744, troisième incendie, qui ravage les nouveaux bâtiments et détruit la riche bibliothèque… Un véritable couvent maudit qui ne comprend plus que douze moines quand le pape supprime l'ordre, juste avant la Révolution.

Acheté par un marchand de biens, l'immense tènement est alors vendu par lots, autour d'une place centrale où l'architecte dijonnais Gille, dit Colson, construit en 1792 un théâtre, dont la scène – encore en place aujourd'hui – se situe, dit-on, à l'emplacement exact du maître-autel de l'ancienne chapelle des religieux. Ouvert en avril, le théâtre des Variétés prend bien vite le nom de théâtre des Célestins. Le lieu connaît un rapide succès auprès d'un public

très populaire, alors que la place et les rues adjacentes abritent des cafés animés et tout un monde de fêtards, de maisons galantes et de filles qui le sont tout autant.

Mais le feu n'a pas renoncé. Dans la nuit du 2 au 3 avril 1871, après la représentation d'une comédie bien dans l'air du temps, *La Femme d'un Prussien,* un incendie ravage le vétuste théâtre. L'architecte lyonnais Gaspard André construit un nouvel édifice, inauguré en août 1877, qui brûle à son tour une nuit de mai 1880. Sinistre de cause inconnue, dira le rapport officiel, mais la presse se fera l'écho d'une autre version : le feu s'est déclaré dans le local même des sapeurs-pompiers, qui arrosaient ce soir-là le départ de l'un d'eux. Trop sans doute…

Gaspard André se remet à l'ouvrage et construit, à l'identique, le bâtiment que nous voyons aujourd'hui.

Les lions sont dans la ville

Le Rhône et La Saône,
lions sculptés par
Guillaume et Nicolas
Coustou ornant le
monument à Louis XIV,
place Bellecour.

Lion ailé, 20, rue Gasparin.

Ils sont en bronze ou en pierre, assis, couchés ou rugissants, pacifiques ou prêts à bondir, volontiers robustes, voire musclés, rarement efflanqués. À Lyon, les lions sont partout, jusque sur le blason de la ville.

Place Bellecour, l'un d'eux supporte un noble vieillard barbu et chevelu – le Rhône bien sûr – négligemment appuyé sur les flancs du fauve ; place Sathonay, couchés sur le ventre, deux jumeaux hiératiques alimentent chacun en eau une vasque de marbre rouge… Souvent réduits à une simple tête, les lions ornent aussi les façades de maints immeubles lyonnais. Celui qui domine l'entrée du 20, rue Gasparin possède une particularité rare en matière féline et sculpturale : il a des ailes. Ainsi en décida le sculpteur lyonnais Louis Étienne Journoud.

FRANCE

1638   1715

Rabelais médecin

L'hôtel-Dieu de Lyon est d'abord une vénérable institution hospitalière, l'une des plus anciennes de France. Le premier hôpital aurait en effet été fondé vers 545, dans le quartier Saint-Paul, par Childebert, roi des Francs.

C'est aussi un ensemble de bâtiments construits au fil des siècles et des nécessités, toujours en fonction, et qui constituent un étonnant patchwork de styles. Depuis la chapelle Notre-Dame-de-la-Piété, entièrement ornée de guirlandes de pierre, bâtie de 1637 à 1653, jusqu'à l'entrée principale élaborée par les architectes Jean et Ferdinand Delamonce en 1706. Sans oublier la grande façade néoclassique de 375 mètres, élevée sur le quai du Rhône par Jacques-Germain Soufflot… juste avant qu'il n'édifie le futur Panthéon à Paris.

Si la liste des grands noms de la médecine française ayant œuvré en ce lieu est impressionnante, on oublie souvent d'y intégrer François Rabelais, qui s'installe en 1562 à Lyon, où il va faire éditer ses deux chefs-d'œuvre : *Pantagruel* et *Gargantua*. Il y reste trois ans, se partageant entre son poste de médecin à l'hôtel-Dieu et ses travaux de correcteur chez son ami l'imprimeur Sébastien Gryphe.

Sacré crocodile !

La légende veut qu'en 1745 un crocodile échappé d'un bateau ancré en rade de Marseille ait réussi à remonter le Rhône jusqu'à Lyon. L'énorme reptile, installé sous une arche du pont de La Guillotière, faisait chavirer les embarcations, dévorait les passagers et semait la désolation. Deux condamnés à mort se proposèrent pour tuer le monstre en échange de leur grâce. Ils l'aveuglèrent avec du sable et le tuèrent à coups de pique. Inutile de dire qu'ils eurent la vie sauve...

Crocodile empaillé,
Musée des hospices civils de Lyon,
place de l'Hôpital.

Les mystères de la poétesse

2e arrondissement
Plaque à la mémoire de Louise Labé
28, rue du Professeur-Louis-Paufique

LA POÉTESSE LOUISE LABÉ
"LA BELLE CORDIÈRE"
VÉCUT EN CES LIEUX
AU XVI ÈME SIÈCLE

SALON DES POÈTES DE LYON _ 2 MAI 1980

Comme l'indique la plaque scellée en façade de l'immeuble, c'est à cette adresse que vécut la poétesse lyonnaise Louise Labé, au XVIe siècle. Dès cette époque, on lui accordait le surnom de Belle Cordière, attendu que, fille d'un cordier lyonnais, elle avait épousé un riche marchand de cordages, Ennemond Perrin, qui possédait plusieurs immeubles dans la ville.

Le souvenir de louise Labé est bien vivant. Ses nombreuses poésies sont de petits chefs-d'œuvre de finesse et de sentiment écrits dans la langue ornée de Ronsard et de Du Bellay. Son goût pour les beaux livres lui fit rassembler une bibliothèque fournie, regroupant les grands classiques grecs, latins et français. Certains en firent une émule de Sapho, d'autres une courtisane, et l'acrimonieux Calvin dit des horreurs sur elle… mais on a finalement peu de certitudes à son sujet. Voire aucune : certains spécialistes du XVIe siècle se plaisent à voir en la belle poétesse une fiction élaborée par un groupe de poètes réunis autour de Maurice Scève, authentique écrivain lyonnais de la Renaissance. Une sorte de canular de la plume.

Alors, Louise Labé, créature de papier ou non ? Du moins, il reste ses poèmes…

« Je vis, je meurs ; je me brule et me noye
J'ay chaut estreme en endurant froidure
La vie m'est et trop molle et trop dure
J'ay grans ennuis entremeslez de joye. »
(Extrait des *Sonnets*)

Un monument du divertissement

Dominant la rue de la République de sa façade en staff de style Art déco construite par l'architecte Eugène Chirié, le cinéma Pathé demeure à cet emplacement depuis les années 1930, comme un éternel symbole de la firme.

Mais ce cinéma, sous le nom de Casino-Kursaal et sous l'appellation de café chantant, fut avant sa conversion au 7e art un haut lieu du music-hall lyonnais. Y défilèrent nombre de gloires du temps : Dranem et Yvette Guilbert, Mistinguett et Maurice Chevalier, les danseuses court-vêtues du concert Mayol, mais aussi, d'une façon plus inattendue… l'Orchestre philharmonique de Berlin interprétant Wagner. Là triompha l'opérette et fleurit la revue, où l'actualité du moment était mise en chanson.

Depuis 1997, ce sont les dix salles d'un multiplexe qui offrent leur confort aux cinéphiles.

Des générations d'agitateurs culturels

Ce bâtiment abrite, depuis 1985, une grande enseigne culturelle. Un théâtre, puis le siège d'un journal en furent les précédents occupants.

Sur l'emplacement d'un ancien café chantant incendié en 1875, le théâtre Bellecour est construit deux ans plus tard par Jules Chartron, architecte attitré de l'un des commanditaires, l'industriel, archéologue et mécène Émile Guimet. La façade, très ouvragée, est ornée d'une mosaïque de Mora et de deux caryatides dues au sculpteur Charles Savoye. Une programmation éclectique est proposée, mêlant l'opéra, le vaudeville, les bals et les revues. En sous-sol, une boîte de nuit, L'Assommoir, accueille les fêtards noctambules de la bonne société, jusqu'à ce que l'anarchiste Antoine Cyvoct y fasse exploser une bombe en 1882, ce qui entraîne la faillite de l'établissement.

En 1894, complètement réhabilité par l'architecte Prosper Perrin, qui conserve la façade, le bâtiment devient le siège du journal *Le Progrès de Lyon*, lequel va y rester près d'un siècle, avec une sombre et courte parenthèse durant l'Occupation au cours de laquelle les bureaux en façade, confisqués, abritent la Milice de Lyon.

Le Veilleur de pierre

2ᵉ arrondissement
Mémorial
Angle de la place Bellecour et de la rue Gasparin

En 1939 se tient à cet angle un café-restaurant réputé, Le Moulin à vent. Depuis l'occupation de la zone Sud, l'établissement est volontiers fréquenté par des officiers allemands et des membres de la Gestapo, dont les locaux sont proches. Au soir du 26 juillet 1944, peu avant la fermeture, fixée à 23 heures, une explosion dévaste les locaux : des résistants ont placé un engin explosif sur le rayon des Bottin. Il n'y a pas de victime.

Le lendemain vers midi, devant ce même café, après avoir arrêté la circulation des automobiles et des piétons, les Allemands conduisent cinq hommes arrachés à la prison Montluc et les abattent de rafales de mitraillettes devant une foule horrifiée. Gisent sur le sol Gilbert Dru et Francis Chirat, syndicalistes chrétiens et résistants arrêtés neuf jours auparavant et condamnés à mort, Albert Chambonnet, chef régional des FFI, le militant communiste Léon Pfeller et l'infortuné René Bernard, pris par hasard dans une rafle. Les corps restent exposés sur le trottoir jusqu'à 15 heures, avant d'être transportés à l'institut médico-légal.

À la Libération, un comité se forme en vue d'élever, à la place du restaurant, un mémorial rappelant le drame et, plus largement, le nom des différents lieux de massacres dans la région, pendant l'Occupation, ainsi que ceux des camps de concentration. L'architecte Louis Thomas, un élève de Tony Garnier, et le sculpteur Georges Salendre imaginent d'y dresser l'effigie d'un homme nu, d'une hauteur de près de 4 mètres, dont les bras reposent sur un écu orné de la croix de Lorraine. Le visiteur lui trouvera des ressemblances avec le vigoureux *Saint Georges* de Donatello exposé à Florence. Salendre lui-même affirma s'en être inspiré.

57

D'un cheval de bronze à l'autre

2e arrondissement
Statue de Louis XIV
Place Bellecour

L'œil quasiment en feu, les narines presque fumantes, l'encolure légère… le cheval qui trône sur son piédestal, au beau milieu de la plus grande place de Lyon, a vraiment fière allure ! Tout autant que son cavalier, représenté en César, couronné de lauriers et vêtu à l'antique : le roi Louis XIV.

Il s'agit là de la seconde statue du Roi-Soleil dressée en ce lieu. La première eut bien des malheurs : le sculpteur Martin Desjardins, qui devait la réaliser en trois années d'après le contrat signé en 1685, n'achèvera son travail que six années plus tard. Puis la municipalité lyonnaise, en pleine crise économique, retarda la réception de l'énorme sculpture fondue à Paris. Elle s'y décida en 1700, mais le voyage, effectué par voie d'eau, prit à peu près une année. L'infortuné monarque attendit ensuite des jours meilleurs dans un enclos en planches. Ce n'est qu'en 1713 qu'eut lieu son érection, suivie en 1792 par son renversement et sa fonte, pendant les jours noirs de la Révolution.

En 1817, les Bourbons de retour sur le trône, le préfet du Rhône voulant faire sa cour, propose au sculpteur François Frédéric Lemot, lyonnais d'origine et qui vient de réaliser à Paris la statue d'Henri IV sur le Pont-Neuf, de reproduire l'effigie à partir d'une estampe. Le prix demandé est jugé exorbitant. Le préfet envoie une supplique au roi Louis XVIII, lance une souscription dans le département du Rhône, obtient la participation de la ville de Lyon… mais les choses traînent à nouveau. À Lyon, la réalisation du piédestal prend du retard ; à Paris, après un épisode dramatique – un ouvrier est écrasé lors d'une manœuvre –, la statue peut enfin commencer son voyage, par voie terrestre. L'énorme chariot tiré par vingt chevaux met treize jours pour rejoindre Lyon et l'inauguration, prévue le jour de la Saint-Charles – le monarque régnant est désormais Charles X –, doit être repoussée de nouveau parce qu'il pleut.

Depuis, la statue, flanquée de deux représentations de la Saône et du Rhône imaginées par les frères Coustou, n'a plus bougé. Le repos du guerrier !

Il est interdit de construire

2e arrondissement
Place Bellecour

L'ordonnance signée par le roi Louis XIV le 28 décembre 1658 est formelle : scellant le statut de la toute nouvelle place Bellecour – vite baptisée place Louis-le-Grand, bien entendu –, elle stipule expressément que la ville ne doit en aliéner, échanger ni vendre aucune partie et n'y laisser bâtir aucun édifice pour quelque cause que ce soit.

Cela n'a pas empêché la municipalité lyonnaise d'y faire bâtir, sous le Second Empire, deux bâtiments similaires, toujours en place : côté Rhône, un poste de police, témoin d'un crime à la fin du XIXe siècle et qui abrite aujourd'hui l'office du tourisme ; côté Saône, un café longtemps fameux, La Maison Dorée, devenu un lieu culturel éphémère et aujourd'hui en attente d'un second souffle. Sans parler de plusieurs kiosques, non sans charme, où l'on vend des fleurs, où l'on propose des boissons, alcoolisées ou non, d'inévitables vespasiennes…

Soyons juste : pour l'essentiel, les municipalités ont respecté le décret royal, malgré une propension de plus en plus marquée à accepter l'installation de manifestations provisoires allant de la grande roue hivernale aux stands de salons divers autant que variés, en passant par une patinoire.

Quoi qu'il en soit, des Lyonnais veillent à l'image du colonel Raymond du Cheyron du Pavillon, figure haute en couleur habitant justement place Bellecour, observateur impitoyable des déviances municipales en la matière : le percement d'un parking souterrain et de ses accès, en surface, souleva son ire ; celle de la station de métro provoqua son indignation… L'intrépide officier, disparu en 1978, multiplia lettres et protestations à trois maires tout au long du XXe siècle.

Le clocher du souvenir

2e arrondissement
Vestiges de l'hospice de la Charité
Place Antonin-Poncet

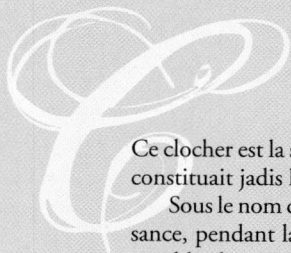

Ce clocher est la seule partie sauvée du vaste ensemble de bâtiments qui constituait jadis l'hospice de la Charité.

Sous le nom d'Aumône Générale, l'institution remontait à la Renaissance, pendant laquelle elle fut fondée en pleine famine par de riches notables lyonnais pour distribuer chaque matin une soupe aux indigents. Au fil des siècles, l'hospice reçut mendiants, vieillards et enfants abandonnés, avant de devenir un hôpital doublé d'une maternité où accouchèrent des générations de Lyonnaises.

Élevée à partir de 1617, grâce à des dons et sur les plans d'un jésuite architecte, le père Martellange, la Charité forme un immense quadrilatère allant jusqu'au Rhône, qui regroupe pas moins de quatorze corps de bâtiments et onze cours intérieures. Le tout est complété par une chapelle dotée en 1665 d'un clocher, peut-être construit sur des plans fournis par l'architecte italien Lorenzo Bernini, dit Le Bernin, l'auteur du fameux baldaquin de Saint-Pierre de Rome.

En 1930, dans le cadre d'un vaste projet de redistribution des hôpitaux lyonnais, la municipalité décide de détruire l'ensemble des bâtiments, d'ailleurs fort décrépits. On déménagera l'hôpital dans le lointain quartier de Grange-Blanche. Les Lyonnais s'émeuvent, les catholiques protestent et mènent une violente campagne dans les colonnes du très conservateur *Le Nouvelliste*. En définitive, le maire Édouard Herriot accepte de conserver symboliquement le seul clocher de la chapelle, qui dresse toujours son élégante silhouette dans le ciel lyonnais.

S.O.S. nouveau-nés

2e arrondissement
Café de la Cloche
4, rue de la Charité

Voici un établissement pas vraiment comme les autres : un café-débat qui aime organiser des rencontres sur des thèmes allant de la philosophie à la musique, en passant par les sciences et la mode ; un café-patrimoine où la grande fresque peinte par Vincent Gallo décrit le quartier d'hier, quand s'élevaient juste en face les grands murs de l'imposant et sévère hospice de la Charité, auquel il doit d'ailleurs son nom.

Jadis, on élevait là les nombreux enfants abandonnés de par la ville, pendant la nuit, qui sur une place, qui dans des décombres, au mieux sur les marches d'une église. Pour enrayer cette pratique à risques pour les nourrissons, les administrateurs de la Charité décidèrent en 1804 d'installer dans l'épaisseur du mur longeant la rue un « tour », c'est-à-dire un cylindre en bois, convexe d'un côté, concave de l'autre, tournant facilement sur son axe. La mère éperdue pouvait donc y déposer discrètement son nouveau-né, tournait l'objet et agitait une cloche destinée à prévenir une religieuse, appelée à juste titre la sœur tourière, qui venait récupérer le bébé. On dit qu'elle s'empressait ensuite d'agiter un chiffon blanc à l'une des fenêtres de l'hospice… afin de prévenir les médecins régulièrement attablés au Café de la Cloche.

La Charité a disparu, mais le tour, démonté et conservé, est aujourd'hui visible au musée de l'Hôtel-Dieu, tout proche.

Jeanne à la une !

2e arrondissement
Ancien siège du journal *Le Nouvelliste*
12 à 18, rue de la Charité

C'est bien elle ! Jeanne d'Arc, comme l'imagerie historique et populaire l'ont abondamment représentée : en armure, regardant le ciel tout en brandissant d'une main ferme l'épée qui va bouter l'Anglais hors du royaume de France et faire sacrer à Reims le gentil Dauphin. Si l'on ajoute le lion qui surmonte sa statue de façade, œuvre du sculpteur Millefaud et, gravée dans la pierre, la devise « Dieu et Patrie », on hésitera quant à l'origine – religieuse ou militaire ? – de ce bâtiment datant de la fin du XIXe siècle et désormais occupé par des bureaux.

Cet immeuble fut construit en 1893 à destination du *Nouvelliste*, journal rigoureusement catholique et soigneusement conservateur dont cette devise, pieuse et patriotique, était le slogan. Un combat quotidien pour cet organe qui ferrailla des décennies durant avec ses rivaux de gauche : *Le Lyon Républicain* et *Le Progrès de Lyon* !

L'architecte Joseph Malaval a agrémenté le bâtiment d'un agréable angle à pan coupé, qui tranche avec la roide austérité de l'immeuble plus récent situé de l'autre côté de la rue et qui se trouve être... l'hôtel des Impôts.

Spiritisme en terre lyonnaise

2e arrondissement
Stèle à la mémoire d'Allan Kardec
Terre-plein central du quai du Docteur-Gailleton
(face à l'hôtel Sofitel)

La stèle posée à cet emplacement il y a quelques années est ornée d'un médaillon représentant l'un des pionniers français du spiritisme : le Lyonnais Allan Kardec.

C'est en octobre 1804 qu'Hippolyte Léon Rivail naît à Lyon, dans une partie aujourd'hui détruite de la rue Sala. Le petit gone grandit au sein une famille de juristes, mais préfère la science et la médecine au droit. Installé à Paris, il ouvre un établissement scolaire, écrit des manuels, se marie… Il a déjà 50 ans quand on lui parle d'une nouvelle mode venue des États-Unis : les tables tournantes. D'abord sceptique, il adoptera rapidement la doctrine : lors d'une séance de spiritisme, son « esprit protecteur » lui apprend qu'ils se sont connus en Gaule, au temps des druides. L'événement achève de convaincre Hippolyte Léon, qui se rebaptise alors… Allan Kardec.

L'homme fascine, réunit des amis, des adeptes, crée *La Revue spirite*, publie *Le Livre des esprits,* qui connaît un succès considérable. Après sa mort en mars 1869, de nombreux disciples continueront son œuvre, complétant sa doctrine.

Lyon se passionne très tôt pour les tables tournantes. Un groupe pratiquant le spiritisme s'active dès 1860 dans le quartier des Brotteaux, autour du sieur Dijoud, chef d'atelier dans le civil. La venue de Kardec lui-même, cette année-là, précipite les choses : bien vite, la ville possède plusieurs groupes spirites et, dès 1863, son journal spécialisé : *La Vérité*. En 1885, les deux principales sociétés s'unissent pour former une « Fédération spirite lyonnaise », qui multiplie les actions caritatives et crée même, à la Croix-Rousse, une crèche spirite, ouverte en 1904.

Un cœur qui circule

2e arrondissement
Plaque à la mémoire de saint François de Sales
9, rue Sainte-Hélène

La façade de l'ancienne caserne (aujourd'hui Maison départementale du Rhône) n'a rien de bien attrayant. Pourtant, sur le mur, une plaque rappelle que c'est ici, dans la modeste maison du jardinier d'un couvent de Visitandines, que mourut en 1622 saint François de Sales, évêque de Genève et fondateur de l'ordre de la Visitation.

En pleine tourmente révolutionnaire, les quelques religieuses ayant tenu bon face à la menace transporteront secrètement la précieuse relique en Italie, puis à Vienne. Elles conserveront toutefois le cœur du saint jusqu'en 1792, faisant ainsi affluer les pèlerins ainsi que leurs dons. C'est aujourd'hui à Vicence, dans un convent de Visitandines, que se trouve le cœur du saint patron… des journalistes.

65

Heurts et malheurs d'un pont

2e et 5e arrondissements
Vestiges du pont d'Ainay
Face au square Janmot (rive gauche) et au 2, rue de la Quarantaine (rive droite)

Longtemps le fougueux Rhône et même la tranquille Saône ne furent franchis que par un seul pont. Il faut attendre 1748 pour voir se construire sur la rivière, en face de la vénérable abbaye d'Ainay, un nouvel ouvrage, commandé par les Hospices. Ce pont de bois assemblé par des éléments en fer décline neuf arches d'une rive à l'autre. Lors de la Révolution, des pillards s'emparent des pièces maîtresses métalliques et il s'écroule dans la Saône en 1795.

Le pont reconstruit au même endroit en 1818 est doté de cinq arches. Plus résistant, il demeure jusqu'en 1897, date à laquelle il cède la place aux trois arches métalliques d'un nouvel ouvrage de fière allure, ouvert à la circulation deux ans plus tard. Sa forme est joliment élancée, les piles et les culées sont en maçonnerie, surmontées de candélabres monumentaux en fonte d'art…

Puis, vient le triste jour du 2 septembre 1944 où les troupes allemandes en déroute font sauter les ponts avant de quitter la ville. Si la Résistance arrive à désamorcer la dynamite pour deux d'entre eux, vingt-quatre sombrent dans les flots. Parmi eux dont le beau pont d'Ainay, qui, à la différence de tous les autres, ne sera pas reconstruit. On n'en voit plus aujourd'hui, que deux culées, pauvres moignons qui témoignent pour l'Histoire de sa splendeur passée.

Marianne solitaire

2ᵉ arrondissement
Statue de la République
Place Carnot

Haut perchée, la Marianne de la place Carnot, qui domine une Ville de Lyon assise en face d'elle, était jadis nettement plus entourée…

C'est au cours de l'année 1880, en prévision du centenaire de la Révolution, qu'un conseiller municipal, M. Bizet, propose d'élever dans Lyon un monument dédié à la République. L'assemblée municipale se prononce pour la place Carnot et l'architecte Blavette, uni au sculpteur Peynot, remporte le concours. Ils vont réaliser un de ces ensembles monumentaux surchargés déclinant les grands thèmes du catéchisme républicain comme on les aime tant à l'époque. Quatre groupes en pierre – la Liberté, l'Égalité, la Fraternité, mais aussi la Ville de Lyon – entoureront une République en bronze, un lion à ses pieds.

On commence par demander au décorateur du Grand Théâtre une reproduction peinte, grandeur nature, afin de juger de l'effet produit. Puis la construction s'éternise faute de matière première. La municipalité, qui espère obtenir de l'État le bronze nécessaire à la statue centrale, essuie un refus. Il faut en appeler aux fondeurs Thibaud Frères, mais ceux-ci travaillent au même moment sur la statue de la Liberté que Bartholdi destine à New York. Enfin, c'est le zèle de Peynot qu'il faut stimuler car il tarde à livrer les groupes en pierre.

L'ensemble ne sera finalement réceptionné que le 21 juin 1894. Trois jours plus tard, à Lyon, le président Carnot, qui devait revenir présider l'inauguration prévue le 14 juillet suivant, est assassiné. Le monument ne connaîtra donc jamais de naissance officielle et finira par être désassemblé en 1975 pour cause de métro.

67

Une bande dessinée du XIIe siècle

2e arrondissement
Basilique Saint-Martin-d'Ainay,
croisée du transept
Place d'Ainay

Adam, Ève, le serpent et la pomme : ils sont tous présents, nus comme des vers, naïvement gravés dans la pierre, comme savaient le faire les sculpteurs de l'époque romane… Ceux-là œuvrèrent dans l'église dont venaient alors de se doter les moines de la puissante et ancestrale abbaye d'Ainay et que le pape Pascal II, en 1107, vint lui-même consacrer.

C'était le temps où les fidèles, analphabètes ou non, pouvaient lire les épisodes de la Bible sculptés sur les chapiteaux des lieux saints. Cette « Tentation » en témoigne, tout comme, sur le chapiteau voisin, « Adam et Ève chassés du Paradis ». D'autres représentations, hélas souvent mal éclairées, animent encore la pierre : Caïn et Abel, le Christ en majesté, saint Michel terrassant le dragon ainsi que ce singulier bestiaire de quadrupèdes dressés sur leurs pattes arrière.

Cet ensemble sculpté est un des rares témoignages de l'art roman à Lyon, toujours vivant mille ans après sa création.

Un curieux manège

À tout prendre, l'immeuble en rotonde construit en 1911 par l'architecte Curny et qui abrite aujourd'hui l'Institut Mérieux – organisme sanitaire mondialement connu pour ses vaccins – n'a rien d'exceptionnel. On y remarquera pourtant une singulière enclave : un portail ancien, présentant, de part et d'autre, des figurines sculptées – une tête d'homme et une tête de femme – et, au centre, une scène évoquant le souvenir de l'ancienne École royale d'équitation qui existait là au XVIIIᵉ siècle.

Lyonnais d'origine, auteur d'un traité de dressage des chevaux et de quelque deux cents articles scientifiques et techniques parus dans la grande *Encyclopédie* de Diderot et d'Alembert, Claude Bourgelat, cavalier émérite et ancien directeur de l'École royale d'équitation, fonde dans sa ville, en 1761, la première école vétérinaire du monde, d'abord installée dans le faubourg de La Guillotière, puis dans celui de Vaise.

Le succès est au rendez-vous, l'art vétérinaire y acquiert ses lettres de noblesse et la réputation de l'établissement parvient jusqu'à Versailles. De ce fait, le gouvernement royal appelle son fondateur à Paris pour y créer l'École vétérinaire de Maisons-Alfort, toujours en activité. Elle fait des émules : Vienne, Turin et Copenhague. Et à Londres, le Royal Veterinary College est créé en 1791 par un Français : Charles Vial de Saint-Bel, élève de Bourgelat, né dans la région lyonnaise.

Mousse lyonnaise

2e arrondissement
Brasserie Georges
30, cours Verdun-Perrache

Les Lyonnais oublient trop souvent que leur ville fut longtemps l'une des capitales françaises de la bière. À quelques dizaines de kilomètres des premiers monts du Beaujolais, la chose est plutôt insolite et cocasse.

Dans le Lyon du XXe siècle commençant, on brasse allègrement une bière brune très fermentée, bénéficiant de l'excellente qualité de l'eau des nappes souterraines. Une production facilement exportable à une époque où le trafic commercial est avant tout fluvial. Les brasseries fleurissent de par la ville, telle celle, gigantesque, que l'Alsacien Georges Hoffherr ouvre en 1836 sur l'actuel cours Verdun-Perrache, à l'époque préservé des outrages du béton.

« La Georges », comme l'appellent les Lyonnais, qui est l'une des plus anciennes brasseries d'Europe, est toujours debout et constamment pleine. Sa vaste salle de 700 m2 est à la fois une prouesse technique et une énigme : aucun pilier ne vient soutenir les poutres en bois de longue portée, supportant elles-mêmes une charpente triangulée en pièces de sapin boulonnées. Le plafond est recouvert par une peinture sur enduit, réalisée entre les deux guerres par l'artiste Bruno Guillermin et récemment restaurée par le nouveau propriétaire, Christian Lameloise. Quatre allégories aux tons pastel y symbolisent les Moissons, les Vendanges, l'Eau et… la Bière. Une bière maison, bien entendu, dont la fabrication vient d'être reprise après des années d'interruption.

Le rescapé de la rafle des bronzes

2e arrondissement
Statue de André-Marie Ampère
Place Ampère

Un matin de janvier 1942, les Lyonnais n'en croient pas leurs yeux : la statue du maréchal Suchet n'est plus place Tolozan, celle du sergent Blandan a déserté la place Sathonay, le docteur Ollier ne se dresse plus sur son socle, le buste du maire Gailleton non plus… même Bourgelat, le fondateur de l'École vétérinaire, a quitté son poste.

Quelle est la raison de cette hécatombe qui mutile à jamais le patrimoine et la mémoire collective des Lyonnais ? Une loi « scélérate » remontant au 9 octobre 1941 et visant à récupérer les sculptures en bronze sur l'ensemble du territoire et à les fondre – effort de guerre oblige. « Toutes les statues des célébrités authentiques (*sic*) seront remplacées en des temps meilleurs », jure le ministre Abel Bonnard, face aux protestations que provoque cette vague « statuïcide », « et l'on ne touchera pas aux monuments aux morts. »

Lyon voit seize de ses monuments tronqués, voire disparaître. Dans la Presqu'île, la statue d'Ampère a eu plus de chance que les autres. Voulant honorer le Lyonnais qui avait établi les premières lois régissant les phénomènes liés à l'électricité, la municipalité avait fait élever, en 1888 – sur l'ex-place Henri IV –, une fontaine monumentale que dominait un Ampère en bronze, assis sur un piédestal encadré par deux sphinges aux ailes déployées, également en bronze. Cette profusion métallique ne fut pas sans susciter la convoitise des émissaires de Vichy. Mais les choses traînèrent et le physicien était encore sur son socle en mars 1944. À la Libération, sa statue est retrouvée en gare de Perrache, attendant un improbable convoi vers la fonderie.

Art déco et belles voitures

3e arrondissement
Ancien garage Renault
67, avenue du Maréchal-de-Saxe

Dans les années 1920, marquées par le véritable essor de l'automobile, prospèrent à Lyon les garagistes Bollache, Laroque et Cie, concessionnaires de la marque Renault. Cette maison ambitieuse imagine un immense garage destiné à occuper tout un pâté de maisons. Derrière une façade typiquement Art déco, l'architecte Georges Trévoux conçoit deux rampes d'accès de 6 mètres de large chacune, qui permettent aux voitures de monter aux ateliers des divers étages et d'en repartir sans se croiser.

Louis Renault en personne vient inaugurer en 1930 ce lieu d'un type nouveau, qui rencontre vite un joli succès. Plus de mille voitures y seront vendues chaque année : un chiffre astronomique pour l'époque !

Mais le temps passe. Rebaptisé Atlas, l'établissement déménage en périphérie dans les années 1980, et le bâtiment est racheté en 1986 par une chaîne hôtelière. L'hôtel actuel (dont l'entrée se situe au 29, rue Bonnel) utilise bien sûr les fameuses rampes centrales… comme parking intérieur !

J'aime mon maire

3e arrondissement
Mosaïque de la Bourse du travail, façade est
Place Guichard

« L'immense montée silencieuse, tranquille, rieuse, sans souci, sans fanfare, de toute la cité travailleuse vers une vie spirituelle collective, au-dessus des anciennes misères de trop longues et trop lourdes journées. » Ainsi l'architecte de la ville de Lyon, Charles Meysson, présente-t-il la grande mosaïque allégorique qui va orner l'une des façades de la nouvelle Bourse du travail, qu'il a mis sept ans à édifier, mêlant béton et mâchefer. Il est vrai que nous sommes en 1934, à deux ans du Front populaire...

Dans un décor agreste, sous les frondaisons et en compagnie des mouettes familières à la ville, une paisible assemblée d'hommes du peuple, de femmes libérées de leur corset, d'adolescents cartable au dos entourent des notables et édiles lyonnais, dont Meysson en personne, réunis autour du maire Édouard Herriot, surnommé le « Doudou », aisément reconnaissable à son inséparable pipe.

Des dragons au béton

3e arrondissement
Buste de cuirassier
Rue du Lac
La Part-Dieu

Il n'en reste qu'un. Un seul des fringants cavaliers, dragons, hussards et autres cuirassiers qui occupèrent pendant un siècle les 24 hectares du gigantesque quartier militaire de la Part-Dieu.

Sous le Second Empire, jusqu'à 4 300 hommes sont installés là par le pouvoir avec pour mission d'empêcher les réunions clandestines de socialistes et d'anarchistes qui se tiennent alors dans le quartier !

Conséquence obligée de cette présence : les cabarets à soldats fleurissent autour des casernes, offrant un bruyant « repos du guerrier » qui déplaît fortement aux riverains de l'époque – de sages commerçants, employés et fonctionnaires, qui multiplieront lettres et pétitions auprès des autorités.

En 1967, le terrain militaire et la caserne sont cédés à la municipalité et l'équipe Pradel décide d'en faire un « centre régional de décision ». Mais le projet initial va sensiblement évoluer au fil des ans… et des dures nécessités économiques. L'espace dévolu au commerce passe de 30 000 à 100 000 m^2 et les 5 hectares d'espaces verts prévus à l'origine sont oubliés. Seul le monument *À la gloire de la cavalerie* du sculpteur Maspoli et des architectes Robert et Marin, installé en juin 1939 au cœur du quartier militaire, campe encore à l'un des rares endroits à avoir échappé aux bétonneuses.

Le quartier militaire de la Part-Dieu au début du XXe siècle. (Coll. part.)

L'antichambre des camps

3ᵉ arrondissement
Porte de l'ancienne prison Montluc
1, rue Jeanne-Hachette
Fresque de Montluc
Rue du Dauphiné

Derrière cette porte discrète se sont déroulés bien des drames… Elle donnait autrefois accès à la prison Montluc, qui fut l'un des hauts lieux de la Résistance à Lyon.

Quand, le 11 novembre 1942, les troupes allemandes envahissent la zone Sud, elles réquisitionnent aussitôt cette prison. La Gestapo tient son Q.G. à l'hôtel Terminus près de la gare de Perrache, torture dans les caves de l'École de santé militaire de l'avenue Berthelot, puis envoie les corps cassés, les hommes (et femmes) pantelants s'entasser à Montluc avant que ne se forment les convois de la mort. Ici règnent la douleur, la peur, la promiscuité. Mais ici naissent également la solidarité et l'entraide qui entretiennent le désir de vivre.

Près de 8 000 prisonniers vont y passer, hommes et femmes mêlés, dont 2 565 seront déportés – il n'en reviendra que 950 –, 622 fusillés et 2 100 libérés ; quant aux autres, soit plus de 2 700 personnes, leur sort reste inconnu à ce jour. S'y retrouvent des gens célèbres tels que l'historien Marc Bloch, le général de Lattre de Tassigny, ainsi que l'avionneur Marcel Bloch-Dassault ; mais aussi une foule inconnue de résistants, de Juifs ou tout simplement d'otages pris dans les rues, au hasard d'une rafle.

À l'été 1944, les événements se précipitent. Exécutions et massacres se multiplient, mais le 24 août vient la délivrance pour ceux qui sortiront miraculeusement vivants de cette antichambre de la mort. De l'autre côté, rue du Dauphiné, tout en contraste, le mur de l'actuelle prison de femmes est peint de couleurs vives sur lesquelles se détache la silhouette du plus illustre martyr de la Résistance, qui séjourna en ce lieu d'attente et de souffrance : Jean Moulin.

76

L'usine au « château »

3e arrondissement
Anciennes Grandes Caves de Lyon
34, avenue Lacassagne

Les gens du quartier aiment à donner le nom de « château Lacassagne » au beau pavillon agrémenté de larges baies vitrées sur deux étages qui se trouve enchâssé dans les modernes constructions d'une ZAC longeant l'avenue éponyme.

Il ne s'agit, en fait, que de la partie centrale, sauvée *in extremis* et conservée *in situ*, d'une ancienne entreprise réputée à la fin du XIXe siècle : les Grandes Caves de Lyon, fournisseur en gros de bien des épiceries et dépositaires de la ville.

Sa présence dans le quartier de la Villette, en bordure de la grande gare de l'Est (aujourd'hui disparue), alors largement ouverte au trafic commercial, n'avait rien d'étonnant. Le lieu était à l'époque un petit pôle industriel et artisanal où s'activaient charbonniers, teintureries, établissements de mécanique générale et de construction automobile.

77

Le refuge du garde-barrière

3ᵉ arrondissement
Ancien chemin de fer de l'Est
11, rue du Dauphiné

Un peu perdue au milieu des grandes constructions qui l'entourent, la petite maison du garde-barrière a repris des couleurs ces derniers temps… Et pour cause : c'est une des rares rescapées des redoutables projets d'urbanisation et autres restructurations qui ont bouleversé le 3ᵉ arrondissement de Lyon tout au long du XXᵉ siècle. Elle se trouvait pourtant sur un site à risques : l'endroit où la rue du Dauphiné, en route pour le département voisin de l'Isère, traversait la voie de l'ancien chemin de fer de l'Est. Créée en 1881 pour relier Lyon à Meyzieu, *via* Villeurbanne, puis délaissée quand vint le règne de l'automobile, cette ligne conserva longtemps un unique train de marchandises quotidien. Sur 15 kilomètres seulement !

Pour une fois, on garda intact le tracé des anciennes voies ferrées. Tant mieux ! Car elles voient passer désormais Léa, tramway de liaison destiné à relier la Part-Dieu et Eurexpo, puis l'aéroport de Lyon-Saint-Exupéry (ex-Satolas).

Les médecins s'exposent

Parfois présenté comme le plus important pôle européen consacré à la santé, Lyon possède une solide tradition de recherche et de pratique médicale, toujours vivace. La rive gauche, en bordure de la commune de Bron – qui héberge l'hôpital psychiatrique départemental du Vinatier, l'hôpital neurologique et l'hôpital cardiologique –, et notamment les quartiers Montchat et Monplaisir, abrite un noyau dur constitué d'une vingtaine d'hôpitaux, des laboratoires, d'instituts de recherche et d'écoles.

Un véritable parcours de santé, qui s'ouvre par un hommage aux grands noms de la médecine lyonnaise : la peinture murale réalisée par l'incontournable Cité de la Création pour orner un des bâtiments de la société Lipha. Tous ne sont pas là, mais on peut reconnaître Claude Bernard, Gabriel Pravaz – l'inventeur de la seringue, Sébastien Des Guidi – champion de l'homéopathie, Victor Grignard – prix Nobel de chimie, Auguste Lumière, Louis Paufique, Marcel Mérieux… sans oublier François Rabelais. Quant au professeur Alexandre Lacassagne, qui donne son nom à l'avenue, médecin légiste de renommée internationale, créateur de l'École lyonnaise d'anthropologie criminelle, il ne semble pas être représenté…

Lyon au fil du temps

3e arrondissement
Mur peint
96-98, avenue Lacassagne

Où peut-on voir, sur 120 mètres de long, la gare de Perrache et celle de la Part-Dieu, le tramway à impériale et le TGV, le scooter et la 2 CV, la halle Tony Garnier et la monumentale barre immobilière de la Duchère, Frédéric Dard traversant la rue, un gardien de square à son poste et des joueurs se livrant à une interminable partie de boules lyonnaises ? Sur le mur du dépôt de la compagnie des TCL, avenue Lacassagne, bien sûr !

Les TCL (Transports en commun lyonnais) sont un peu à Lyon ce que la RATP est à Paris, héritiers de ce premier service de transports en commun apparu dans la ville en 1837 qui, en 1862, lança le premier funiculaire au monde sur les pentes de la Croix-Rousse, puis, l'année suivante, les bateaux-mouches – exportés à Paris par la suite – sur la Saône, avant de devenir la fameuse compagnie des Omnibus et Tramways de Lyon (OTL) dont le souvenir demeure vivace chez nombre de Lyonnais.

Avec l'aide des artistes de la Cité de la Création, les TCL ont un jour décidé de narrer un siècle de transport à Lyon. Ainsi sont peints sur ce mur sept épisodes de la vie lyonnaise de 1900 à 2000 qui invitent à un voyage immobile des plus intéressants.

Le château oublié

Construit au XVIᵉ siècle sur commande du sieur Jehan Catherin, officier des Prisons royales, le château de Montchat accueille en 1656, 1657 et 1658 la sulfureuse reine Christine de Suède, qui fait halte à Lyon sur la route de Rome. Il passe ensuite entre diverses mains pour devenir, vers 1850, la propriété de la famille Richard-Vitton, donatrice de nombreux terrains alentour (cf. p. 83). Les nouveaux châtelains font alors appel à l'inévitable Eugène Viollet-le-Duc pour lui rendre son aspect médiéval. Les créneaux, mâchicoulis et autres attributs de ce bâtiment sont donc des ajouts « néo » du XIXᵉ siècle.

Depuis 1993, cette singulière oasis pseudo-gothique, un peu perdue dans notre siècle, est devenue un centre de formation et de réception.

Un triptyque républicain

3e arrondissement
Groupes sculptés
Parc Georges-Bazin
19, avenue des Acacias

Elles sont trois, telles les Grâces de la mythologie grecque. Mais il s'agit ici de leurs consœurs républicaines : la Liberté, l'Égalité et la Fraternité. Leur seul point commun : la pierre de Tournus, que leur « père », le sculpteur Émile Peynot, employa pour ciseler ces trois allégories minérales.

Au petit jeu des devinettes, le curieux sera aidé par quelques indices. Dame Liberté est debout, marchant sur des barrières brisées, les bras élevés afin de protéger à sa gauche une femme assise qui allaite un enfant et apprend à écrire à un autre, tandis qu'à sa droite, un vieillard chenu embrasse son vêtement. Tout près, le coq gaulois pousse un cri de victoire. Dame Égalité est assise à ses côtés, incarnation de la Loi, la poitrine recouverte d'une armure, les mains posées sur les épaules de deux compagnons : à sa gauche, le Capital, présenté sous les traits d'un jeune homme presque nu, portant un coffret empli de bijoux ; à sa droite, le Travail, symbolisé par un homme musclé, simplement vêtu d'un tablier, assis sur une enclume. Ensemble ils maintiennent un parchemin sur les genoux de leur protectrice : la *Déclaration universelle des droits de l'homme*. Pour sa part, Dame Fraternité est debout, des fleurs à la main gauche. Elle contemple deux hommes nus, un blanc et un noir, échangeant des présents ; à leurs pieds, un pélican et ses petits symbolisent le Dévouement.

Le flâneur venu en ce lieu champêtre, qui porte le nom d'un Montchatois passionné par son quartier, sera surpris de découvrir là, non loin des aires réservées aux jeux des petits gones, ce singulier triptyque. Qui a déjà arpenté la place Carnot (cf. p. 67), au sud de la Presqu'île, saura qu'il se trouve face aux infortunées statues chassées du monument qu'elles ornaient jadis là-bas.

Esprit de famille

On dit à Lyon que, quand on vient du centre-ville, la place Henri marque le vrai passage dans le quartier de Montchat, lequel a su, avec ses petites maisons individuelles, garder longtemps un caractère presque villageois.

Une surprise attend le visiteur : l'abondance de prénoms donnés aux rues du quartier, de Louise à Eugénie, en passant par Camille, Henri et Balthazar. Il faut y voir la généalogie de la famille Richard-Vitton qui, jadis, lotit l'endroit avant qu'il ne passe à la ville de Lyon.

À l'origine, on trouve le sieur Henri Vitton, notable, maire de La Guillotière – alors commune indépendante –, dont le nom a d'ailleurs été donné à une artère des Brotteaux : le cours Vitton. En 1831, sa fille Louise Françoise épouse un certain Louis Richard. Le couple achète le château de Montchat ainsi qu'un vaste domaine de 78 hectares alentour, le lotit sur pas moins de 13 kilomètres de rues et de places dotées des prénoms des parents et des enfants de la famille, puis offre un terrain afin d'y élever une église. Antoinette et Claudia étaient respectivement la mère et la grand-mère de Madame ; Charles-Richard, Constant, Julien, Louis et Camille, les cinq fils du couple.

Seule entorse consentie par la famille, sans doute bonapartiste : le cours Eugénie, en hommage à Eugénie de Montijo, l'épouse de Napoléon III. Quant à Balthazard… c'est le chien de la famille.

RUE BALTHAZARD

RUE JULIEN — 3ème ARR.

RUE Charles RICHARD — 3e Ar.

RUE LOUISE — 3ème ARR.

COURS RICHARD VITTON — 3e Ar.

RUE ANTOINETTE

RUE LOUIS — 3ème Arr.

COURS EUGÉNIE — 3ème ARR.

L'hôpital au vert

3e arrondissement
Hôpital Édouard-Herriot
Place d'Arsonval

C'est dans la prestigieuse villa Médicis, où l'a conduit son grand prix de Rome, que le jeune architecte lyonnais Tony Garnier imagine, dès 1901, son projet novateur d'une Cité industrielle dans laquelle il accorde une place d'importance aux établissements sanitaires. Ceux-ci y constituent une sorte de cité-jardin médicale déclinant toute une série de pavillons répartis sur une pente orientée au sud pour la recherche des meilleures conditions d'ensoleillement.

En 1909, lorsque la municipalité lyonnaise décide de faire édifier hors du centre-ville un nouvel hôpital, qu'elle commande à Garnier, celui-ci propose de réaliser son projet hospitalier sur les 19 hectares du domaine de Grange Blanche.

Après l'avoir emporté sur la prévention d'une partie du corps médical lyonnais, qui prône un grand bâtiment unique, et grâce à l'appui du maire, l'audacieux architecte se lance dans la construction de 24 pavillons dévolus à la médecine, à la chirurgie, aux services spéciaux et au département des contagieux, ce dernier étant en définitive remplacé par une section des enfants. Tous ces bâtiments bas, dotés de toits-terrasses, sont reliés par un système de communication souterrain et placés dans un environnement arboré agrémenté de vérandas et de pergolas.

Les travaux, commencés alors qu'éclate la Grande Guerre, réalisés en partie avec une main-d'œuvre de prisonniers allemands, sont soumis à des aleas financiers et s'éternisent. L'hôpital de Grange Blanche, renommé plus tard hôpital Édouard-Herriot, n'est inauguré qu'en 1933. Athée, Tony Garnier a confié la construction de la chapelle à son élève Louis Thomas.

En ce début du XXIe siècle, alors que l'ensemble architectural a été plusieurs fois modifié à la suite des récriminations du corps médical, cet hôpital, hélas envahi par l'inévitable automobile, se pose des questions sur son avenir...

LYON - Le Gros-Caillou

Edit. D. T.

(Coll. part.)

Le Gros Caillou

4e arrondissement
Extrémité est du boulevard
de la Croix-Rousse

Non, cet énorme bloc de pierre n'a pas été laissé là par le retrait des glaces il y quelques millions d'années, comme on aimait le dire jadis, surtout aux visiteurs. Il s'agit en réalité d'un témoin granitique des dépôts glaciaires abandonnés sur la colline il y environ 150 000 ans. Il fut découvert en 1862 lors du percement du tunnel du premier funiculaire de Lyon, qui allait relier la rue Terme à la toute nouvelle artère prévue à l'emplacement des anciennes fortifications, le futur boulevard de l'Empereur.

Hissé, tracté, le mastodonte de pierre gagna alors sa place actuelle. Ce Gros Caillou inaltérable est aujourd'hui le plus célèbre « bloc erratique » lyonnais.

La dernière porte des fortifications

4e arrondissement
167, boulevard de la Croix-Rousse

Quand, en mars 1852, les trois faubourgs de Vaise, la Guillotière et la Croix-Rousse sont rattachés à Lyon, il convient de prendre une décision quant aux fortifications qui enserrent toujours la ville, séparant ces quartiers du reste de la cité.

La chose est surtout nette sur le plateau de la Croix-Rousse, barré d'est en ouest, du fort Saint-Sébastien au fort Saint-Jean, par un mur d'enceinte ponctué de fortins mais plutôt pauvre en portes. Une seule permet l'entrée sur la ville quand on vient de la Dombes ou de la Savoie.

En 1865, un décret impérial signé par Napoléon III résout le problème : « Les fortifications de la Croix-Rousse n'ont plus aucune raison d'être. » Elles sont aussitôt rasées et l'espace récupéré se transforme tout naturellement en boulevard de l'Empereur, avant de devenir en 1871 l'actuel boulevard de la Croix-Rousse. Les anciens fortins deviennent des places qui en adoptent volontiers la topographie triangulaire.

Pour sa part, la porte Saint-Sébastien subit le sort commun. Curieusement, on en laissa subsister un fragment, datant du XVIIe siècle, aujourd'hui quasiment oublié au fond de son impasse sans nom, où il faut aller le dénicher.

Un jardin extraordinaire

4e arrondissement
Jardin Rosa-Mir
87, grande rue de la Croix-Rousse
Ouvert les samedis du 1er avril au 31 octobre de 15h à 18h
Entrée gratuite

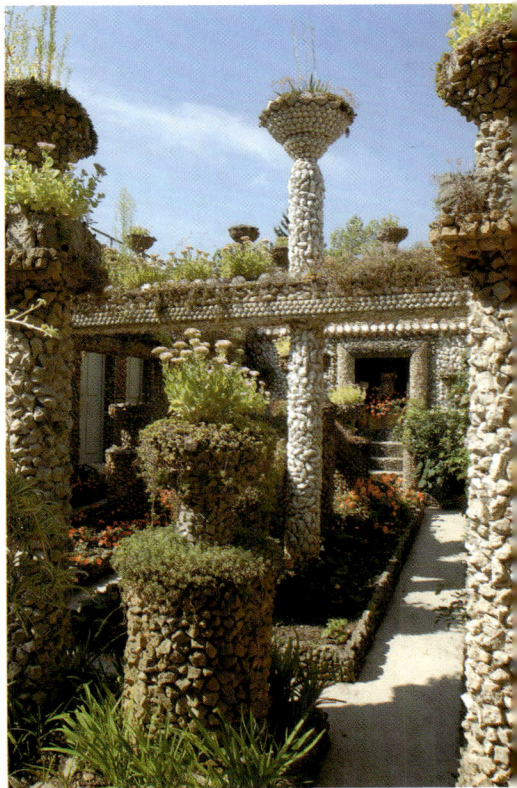

Une fois la porte franchie, on entre dans un univers protégé du regard des passants : un petit jardin rectangulaire de 360 m² que n'auraient pas désavoué le Douanier Rousseau ou le Facteur Cheval. Ici, le créateur s'appelait Jules Senis-Mir (1913-1983), espagnol d'origine et maçon de métier, qui amassa inlassablement à l'arrière de son immeuble, de 1952 jusqu'à sa mort, sa moisson quotidienne de pierres et de coquillages mêlés.

Sous ses doigts et par la grâce de son imagination, aussi poétique que naïve, naquit tout un monde de formes étranges autant qu'ensorcelantes : colonnades recouvertes d'éclats de pierre, obélisques où rampent des escargots blancs, roses des sables… Un jardin secret, à la végétation foisonnante et variée à la belle saison, qu'il dédia à sa mère, Rosa Mir, après avoir guéri d'une maladie qu'il croyait incurable.

Aujourd'hui propriété de la ville de Lyon, c'est l'un des lieux les plus étranges de la cité.

Un éternel retour

4ᵉ arrondissement
La Croix Rousse
Place Joannès-Ambre

Cette curieuse croix a donné son nom à ce qui n'était d'abord qu'un village et devint un quartier après l'annexion en 1852 par la cité des communes environnantes.

La première Croix Rousse est taillée dans la pierre dorée extraite des carrières toutes proches de Couzon-au-Mont-d'Or, un calcaire coquillier qui a fourni bien des éléments à l'architecture lyonnaise de jadis. On la trouve déjà sur un plan de Lyon levé vers 1550. Elle fut érigée en souvenir d'une mission ordonnée par le cardinal de Tournon, archevêque de Lyon, sur la paroisse de Cuire (aujourd'hui commune de Caluire-et-Cuire) en vue de prier contre l'hérésie naissante : le protestantisme. Aussi est-elle abattue par les huguenots quand ils prennent Lyon en 1562.

La deuxième croix n'a pas plus de chance : elle est détruite à la Révolution. La troisième, plus proche de la ville, est supprimée en 1881 par une municipalité républicaine et résolument laïque qui traque les croix de chemin sur l'espace public lyonnais.

C'est en 1994 que les Compagnons du Devoir réalisent la croix actuelle à proximité de l'ancienne salle des fêtes construite en 1925 par l'architecte Michel Roux-Spitz, devenue plus tard la Maison de la Danse puis le théâtre de la Croix-Rousse.

La plus grande fresque d'Europe

4e arrondissement
Mur des Canuts
Angle du boulevard des Canuts
et de la rue Denfert-Rochereau

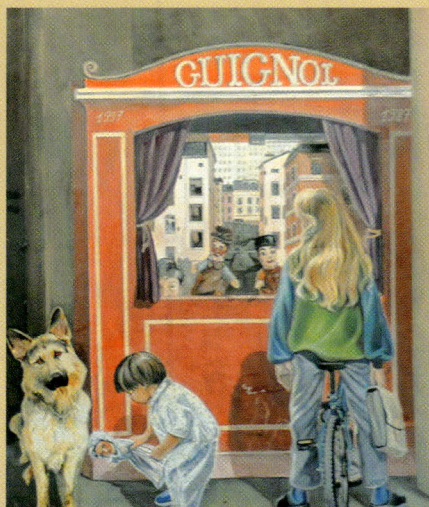

On s'y croirait ! On s'y laisserait prendre ! On serait prêt à y voir une perspective plus vraie que nature, une colline sur la colline… C'est pourtant plus simplement un mur peint – gigantesque, il est vrai, avec ses 1200 m² de surface – réalisé par les infatigables artistes de la Cité de la Création en 1987, et un rien modifié depuis lors, à l'exemple de cette petite fille représentée à l'origine et repeinte dix ans plus tard, à l'âge de 16 ans.

L'immense fresque, véritable repère dans Lyon, entend symboliser l'ambiance de la colline des canuts, avec son empilement de hautes maisons bordant l'un des multiples et interminables escaliers qui parsèment la cité. Et, bien sûr, Guignol est à sa fenêtre.

L'Empereur et les vandales

4e arrondissement
Plaque à la mémoire de Napoléon Ier
1, montée Hoche

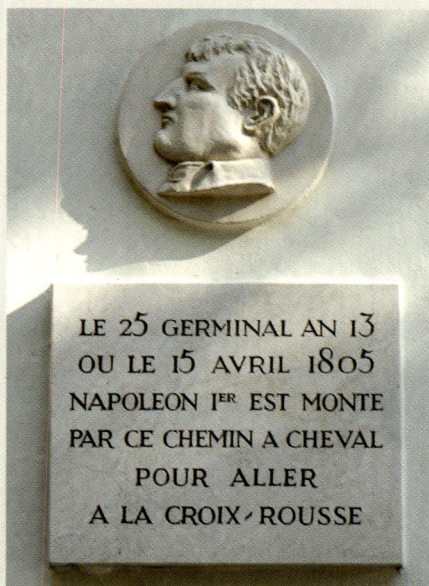

« Lyonnais, je vous aime. » Par cette proclamation affichée sur les murs de la ville le 13 mars 1815, Napoléon Ier prend définitivement congé de Lyon et de ses habitants. Trois mois plus tard, ce sera Waterloo, la fin de l'Empire et des relations privilégiées que le « Petit Corse » avait entretenues avec ceux dont il disait dès 1805 : « J'aime les Lyonnais, mon véritable trône est dans leur cœur. »

Les divers séjours du grand homme dans la ville de la soie ne passent pas inaperçus : ce ne sont que discours, cérémonies, défilés, réceptions, représentations théâtrales et autres réjouissances.

Le visiteur de Lyon qui se sent aujourd'hui une fibre napoléonienne se doit de gagner un lieu escarpé et oublié, en bords de Saône : la montée Hoche. Au bas de celle-ci, une modeste plaque rappelle que « le 25 germinal an 13 ou le 15 avril 1805, Napoléon Ier est monté par ce chemin à cheval pour aller à la Croix-Rousse ». Ayant laissé l'impératrice à l'archevêché où loge le couple impérial, et seulement accompagné d'une petite escorte, le souverain s'offre en toute simplicité une visite des ateliers des canuts de la Croix-Rousse, auxquels il remet force médailles et récompenses.

Une première plaque en marbre surmontée d'un médaillon est apposée en janvier 1951 sous l'égide de la section lyonnaise du Souvenir napoléonien et en présence du maire d'Ajaccio. Ces éléments commémoratifs disparaissent en 1966 dans l'incendie qui ravage un night-club installé à proximité, Le Trampling. Le mur reste vide pendant un bonne décennie, avant que Le Souvenir napoléonien ne fasse installer une nouvelle plaque. Vandalisée par un groupe d'adolescents en novembre 1991, elle sera remplacée par la ville de Lyon l'année suivante, puis encore dernièrement.

La basilique retrouvée

5ᵉ arrondissement
Vestiges de la basilique funéraire Saint-Laurent
31, quai Fulchiron, angle avec la rue de la Quarantaine

Qui imaginerait qu'au sous-sol d'un immeuble de bureaux, construit dans les années 1980 par l'architecte René Gagès en face de son ensemble bétonné du cours Verdun, se trouvent les traces d'une basilique funéraire dédiée à saint Laurent, construite au Vᵉ siècle et détruite au IXᵉ siècle ?

Aujourd'hui, et grâce aux fouilles préventives menées à deux pas du tunnel de Fourvière, le visiteur curieux peut ainsi, du haut d'une passerelle métallique lancée au-dessus des pierres de jadis, contempler au sol le dessin d'un grand édifice de 50 mètres de long, entouré de portiques et doté d'une abside semi-circulaire. Un édifice volontairement bâti hors les remparts puisque dédié au saint protecteur des lépreux. Tout près, à l'emplacement actuel d'un garage, s'élèvera d'ailleurs plus tard l'hôpital de la Quarantaine, lazaret où, en cas d'épidémies, les voyageurs attendaient quarante jours – du moins en principe – avant de pouvoir entrer dans la ville.

91

Le parc aux tombeaux

5e arrondissement
Mausolées romains de Trion
Place Eugène-Wernert

En haut de la montée de Choulans, cinq mausolées de pierre, simplement juxtaposés, offrent une vision poétique, mais aussi quelque peu surprenante lorsqu'on sait le goût des Romains pour l'ordre. Leurs tombeaux, en particulier, étaient soigneusement alignés le long du réseau de voies pavées qui régulait la circulation de la cité.

Les travaux liés au chemin de fer de l'Ouest entrepris en 1885 sont à l'origine de cet étonnant assemblage. Ils permirent en effet de mettre au jour une profusion de débris de verre et d'os, des fragments de sculptures et toute une série de tombeaux bordant autrefois la voie d'Aquitaine. Les vestiges de cette nécropole furent étudiés, puis démontés pièce par pièce et regroupés sur ce qui était alors la place de Choulans.

Quel chemin de croix !

5ᵉ arrondissement
Calvaire de Saint-Irénée
51, rue des Macchabées

C'était autrefois la station finale et obligée d'un gigantesque chemin de croix dont les fidèles suivaient en prière et à pied la lente montée à travers la ville. Partis des bords de Saône, ils marchaient jusqu'à cette esplanade semi-circulaire située juste derrière l'église Saint-Irénée. Cette église, dédiée au deuxième évêque de Lyon, était sise au-dessus des jardins en terrasses de l'ancien couvent des Génovéfains, bâti sur des plans de Soufflot au XVIIIᵉ siècle, qui abrite actuellement la maison diocésaine.

Aujourd'hui, un chemin de croix de dimension plus modeste décline une série de petits oratoires et précède un calvaire construit entre 1814 et 1817. Derrière une grille, sur un socle haut de deux mètres, six personnages en marbre blanc, grandeur nature, représentent le Christ en croix entouré par les deux larrons, la Vierge et l'apôtre Jean, tandis que Marie-Madeleine se tient à ses pieds. En avant sont agenouillés quatre anges adorateurs, sur des colonnes tronquées pour deux d'entre eux, au sol pour les deux autres.

Bien qu'en mauvais état, ce calvaire est le dernier témoin des nombreux chemins de croix que la ville possédait jadis.

Amitiés sino-lyonnaises

5e arrondissement
Résidence universitaire Vieux Fort
2, rue Sœur-Bouvier

Qui débouche de l'étroite rue des Macchabées sur la place Saint-Irénée se trouve en face d'un bâtiment imposant : le fort Saint-Irénée. Ce monument, construit de 1831 à 1841, était intégré à une nouvelle enceinte destinée à protéger Lyon. Aujourd'hui transformé en résidence universitaire, le lieu est rebaptisé du nom de René Alix, ancien doyen de la faculté des lettres.

Mais le bâtiment a aussi connu des heures plus exotiques. Une inscription singulière gravée au-dessus du porche d'entrée, à moitié en français, à moitié en chinois, rappelle en effet la présence sur le site, de 1921 à 1946, de l'Institut franco-chinois de Lyon, qui fut au cœur d'une histoire merveilleuse de relations internationales.

Les liens entre Lyon et l'Extrême-Orient sont aussi anciens que nombreux. Religieuses ou commerciales, les missions se succèdent au fil des siècles, notamment en Chine. Dès 1900, la chambre de commerce dispense même des cours de chinois qui s'adressent aux industriels et négociants lyonnais. En 1913, une chaire de chinois est créée à l'université. C'est le moment choisi par un groupe d'intellectuels chinois pour prendre contact avec le maire, Édouard Herriot, et avec le milieu universitaire lyonnais, afin de créer dans la ville une école supérieure destinée à recevoir leurs jeunes compatriotes désireux de s'imprégner de culture française et de technique occidentale.

Cet établissement unique, géré par une association mixte franco-chinoise et abrité dans les locaux du fort, déclassé en 1920, voit passer en vingt ans 473 jeunes Chinois et Chinoises, tous boursiers, venus suivre les cours dispensés par une vingtaine de professeurs. Plus de cent étudiants soutiennent une thèse et beaucoup appartiendront ensuite à la classe dirigeante de leur pays, à commencer par le président Chou En-lai.

Quand l'Institut cesse ses activités, juste après la Seconde Guerre mondiale, l'importante bibliothèque, qui réunit près de 30 000 documents, est transférée à la bibliothèque municipale de Lyon, dont le fonds chinois est aujourd'hui l'un des plus riches de France. Certains livres sont même devenus quasiment uniques au monde car les exemplaires présents en Chine ont été détruits lors de la Révolution culturelle.

Trois basiliques disparues

5ᵉ arrondissement
Ancienne basilique Saint-Just
11, rue des Macchabées

Ce pourrait être l'une de ces multiples esplanades accrochées à la colline de Fourvière, d'où l'on découvre, assis sur un banc de pierre, une vue superbe sur Lyon. Mais c'est aussi un lieu chargé d'Histoire.

Jadis s'élevait là le cloître, immense et fortifié, des puissants chanoines barons de Saint-Just, princes de l'Église et grands propriétaires terriens de la région. Leur montée en puissance, si l'on ose dire ainsi, fut marquée par la construction de trois basiliques successives, de plus en plus imposantes : l'une dès le Vᵉ siècle, l'autre au VIᵉ, la troisième au XIIIᵉ, qui fut saccagée et rasée par les huguenots en 1562.

Seules les fondations de ces trois édifices subsistèrent. Il y a quelques années, le lieu fut aménagé et on eut la bonne idée de reconstituer au sol leur tracé, chacun étant matérialisé par des plots de couleurs différentes. Une sorte de grand Lego historique et patrimonial.

(Coll. part.)

Les souterrains de Lyon : mythes et réalités

5e arrondissement
Vestiges gallo-romains
Rue des Farges

L'immeuble moderne et banal du 6, rue des Farges, que l'on pourrait prendre à première vue pour un vieux passage sous arcades, abrite en réalité les restes d'anciens thermes romains mis au jour lors de travaux d'urbanisme menés dans les années 1970. Non loin, sous l'esplanade du lycée Saint-Just, subsiste l'un des éléments les mieux conservés de la ville antique : la grotte Berelle. Cette excavation, haute de 3,60 mètres, constituée d'une chambre centrale rectangulaire entourée de deux galeries concentriques, faisait office de citerne. Le réservoir, d'une capacité de 440 m³, alimentait sans doute en priorité la garnison romaine, ainsi que l'atelier monétaire situé à proximité. Les murs recouverts d'un enduit rouge à base d'un mortier de terre cuite portent la trace à certains endroits des graffitis – le plus ancien daterait de 1550 – qu'y laissèrent des générations de visiteurs jusqu'au XIXe siècle.

Lyon ne possède pas moins de 40 kilomètres de galeries souterraines, dont la plupart sont des ouvrages romains destinés à l'adduction d'eau. Elles sont creusées le plus souvent sous les collines de Fourvière et de la Croix-Rousse. Cette dernière se distingue par un étonnant système en « arêtes de poisson » où 34 galeries de 30 mètres de long, ornées de singuliers visages sculptés dans la pierre, sont réparties le long d'un chemin central, probablement à des fins militaires.

Ces galeries et souterrains ont depuis des siècles suscité les curiosités, enflammé les imaginations et enfanté nombre de légendes parlant de messes noires, de séances magiques, druidiques ou plus simplement grivoises. Il a été question d'ondes nocives et ioniques s'échappant de ces cavités, d'un passage sous la Saône, aujourd'hui bloqué par des éboulements, et même de l'existence d'un grand lac souterrain sous le cimetière de Loyasse…

Reste la fragilité, bien réelle, des collines lyonnaises. En 840, le forum romain s'écroule après des pluies diluviennes et un tremblement de terre. Le tragique glissement de terrain de novembre 1930 le fera disparaître à jamais. Aujourd'hui, dangereux et impossible d'accès, ce réseau est interdit au public.

L'émeraude du pape

Qui emprunte l'étroite montée du Gour-guillon a du mal à imaginer que ce fut, jus-qu'à la Renaissance, l'unique entrée dans Lyon pour qui venait de l'ouest. Quant au nom lui-même, il viendrait du mot « gar-gouille », issu d'une onomatopée tout à fait adaptée à ce lieu des plus roides, où les eaux pluviales s'engouffraient jadis.

Jusqu'au XVIe siècle, chaque matin, dès le lever du jour et l'ouverture des portes, le flot des bipèdes et des quadrupèdes mêlés s'en-gouffre ici-même. Le marché aux bestiaux est situé juste au-dessus, place des Minimes, et il faut conduire les animaux aux abattoirs, logés dans la Presqu'île. Les jours de cortèges, les dangers d'étouffement et de bousculade se font encore plus criants. Le drame qui sur-vient en novembre 1305, lors du couronne-ment du pape Clément V, fait encore partie de la légende.

Après un an d'interrègne, les cardinaux se sont enfin mis d'accord pour élever au siège de saint Pierre Bertrand de Got, ancien cha-noine de la cathédrale de Lyon, dont le frère aîné, Béraud, fut aussi l'archevêque de la ville. Passant pour une créature de Philippe le Bel, le nouveau pontife décide de s'installer aux frontières du royaume de France afin d'y être cou-ronné. La cérémonie a lieu dans le vaste cloître fortifié de Saint-Just, devant un grand concours de princes et de prélats, puis, pour regagner la cité, le cortège emprunte le Gourguillon bordé de badauds. À son passage, une muraille surchargée de curieux s'écroule, tuant une dizaine de personnes et en blessant de nombreuses autres.

Le roi de France, qui conduisait la monture papale, et plusieurs seigneurs sont légèrement blessés, mais Jean II, duc de Bretagne, et le propre frère du pontife, Gaillard de Got, y lais-sent la vie. Clément V, dont la monture a été renversée, se retrouve à terre, indemne, mais en roulant sur le sol sa tiare a perdu plusieurs pierres précieuses, dont une pièce de grande valeur, une émeraude – ou un diamant –, estimée à plus de 10 000 florins. Un triste présage pour celui que les chroniqueurs surnommeront le « pape maudit ».

Le père de la soie dans l'impasse

5e arrondissement
Galerie à pans de bois
Impasse Turquet (entre le 5
et le 7 de la montée du Gourguillon)

Les pittoresques galeries à pans de bois sont devenues rarissimes à Lyon. Parmi les dernières, il y a celle de l'impasse Turquet.

On peut tout de même penser que le sieur Étienne Turquet – ou le Piémontais Turquetti – méritait mieux : ne fut-il pas celui qui, avec son compatriote Barthélemy Naris, profita de la présence à Lyon du roi François Ier, en 1536, pour demander et obtenir du monarque le privilège d'installer dans la cité une fabrique de « draps de soye » ? Le roi accorda même une subvention et les deux marchands formèrent une compagnie commerciale qui attira à Lyon les réputés ouvriers de Gênes, alors capitale du velours. On connaît la suite.

Oui, Turquet mériterait bien une place dans la ville de la soie, quitte à la partager avec Monsieur Naris.

Effet d'optique

5e arrondissement
Escalier
2, rue Saint-Georges

Il ne faut pas hésiter à pousser la lourde porte d'entrée de bois sculpté surmontée d'une imposte formée de colonnettes en bois tourné : en son centre, une tête de militaire casqué, rappelle qu'un capitaine de la milice urbaine fut, au XIIe siècle, le propriétaire des lieux.

Hasardez-vous ensuite dans la pénombre du couloir voûté d'ogives : au bout, la superbe cour ovale constituée de la cage d'escalier elle-même, unique en son genre, vaut le détour. À qui lève les yeux, cet espace offre une série de galeries elliptiques superposées dont les fuites en perspective s'élèvent avec grâce vers le ciel.

C'est là un exemple, parmi d'autres, illustrant la richesse, la beauté, voire l'originalité architecturale de bien des « allées » du Vieux Lyon.

La ville sous les eaux

Jusqu'à la fin du XIXe siècle, le Rhône, fougueux et indiscipliné, fort de sa pente importante et de son débit, volontiers renforcé par la fonte des neiges et des glaciers alpins, rongeait les rives et sortait immanquablement de son lit au printemps pour envahir la rive gauche.

La Saône, dotée de perfides hauts-fonds sableux ou rocheux redoutables pour la navigation, connaissait elle aussi de dangereuses saisons. En été, son lit devenait un véritable égout charriant les animaux morts rejetés par la grande boucherie des Terreaux toute proche – les abattoirs étant alors situés en pleine ville –, tandis qu'au printemps cette fausse pacifique s'offrait elle aussi des crues aussi soudaines que ravageuses.

Quais des Célestins sous les eaux lors des inondations de 1856. (Bibliothèque municipale de Lyon.)

Aujourd'hui, les quais établis portent encore les marques indiquant les deux grandes crues du XIXe siècle : celle d'octobre 1840, qui voit les deux fleuves joindre leurs flots et recouvrir la Presqu'île, fouillant l'ancien cimetière des Cordeliers jusqu'à en extraire les ossements et celle de mai 1856, gravée dans les mémoires. Ce soir-là, le Rhône rompt sa digue en deux points et se répand brutalement sur toute la rive gauche. Les habitants, réveillés en sursaut, organisent au mieux les secours. Présent à Lyon, Alphonse Daudet évoque « les casernes de la Part-Dieu à demi noyées, avec leurs fenêtres noires ouvertes comme des yeux qui s'éteignaient à mesure que l'eau montait. La route de Villeurbanne transformée en un grand fleuve et charriant au-dessus de ses pavés submergés des radeaux pleins de femmes, d'enfants, de bœufs, de chevaux, de matelas… ».

Descendu promptement en province, Napoléon III distribue oboles et bonnes paroles. De son côté, le préfet Claude-Marius Vaïsse interdit les constructions en pisé, qui se sont littéralement dissoutes dans l'eau. En 1861, un décret impérial décide la construction, aux Brotteaux, d'une digue en dur qui résistera au temps et aux nouveaux assauts liquides, d'ailleurs rendus moins offensifs par l'installation de barrages sur le Rhône.

Gloire à toi, Guignol !

Il n'était que fils de canut, mais méritait bien un buste. Laurent Mourguet n'est-il pas le père spirituel du Lyonnais le plus connu au monde : Guignol ?

Canut de métier, Laurent Mourguet devient marchand ambulant entre 1793 et 1799, peut-être en raison de la crise touchant alors la soierie lyonnaise. Courant foires et marchés, arracheur de dents à l'occasion, il attire l'attention de ses clients en leur proposant de petits spectacles de marionnettes à fils. De la publicité avant l'heure...

Tout entier gagné à l'art, Mourguet revient s'établir dans sa ville natale vers 1804 et installe quatre ans plus tard un théâtre fixe dans le jardin du Petit Tivoli, grande allée des Brotteaux – actuellement cours Morand –, lieu de promenade favori des Lyonnais. Puis il regagne la Presqu'île pour y ouvrir un théâtre où les marionnettes sont désormais à gaine et où figure Guignol, que l'on pense imaginé en 1808, entouré de compagnons tels Gnafron, grand amateur de vin, et son épouse Madelon. La poupée de bois devient vite tout un symbole d'esprit frondeur, ironique, préférant la trique à l'encens face aux puissants du jour. Plusieurs journaux, pourchassés par la censure, en portent alors le nom sous le Second Empire. L'association des Amis de Guignol se crée, autour d'un « mâchon » (casse-croûte roboratif), en février 1914 : une tradition qui perdure.

Le monument, inauguré en 1912 – il sera déplacé de quelques mètres en 1991 eu égard aux aléas de la circulation urbaine –, est réalisé sur les plans de l'architecte Charles Meysson. Il est composé d'un buste dû au sculpteur François Girardet et d'un bas-relief de son confrère Pierre Aubert. Celui-ci représente un castelet surmonté d'un fronton triangulaire, orné d'attributs de canuts, avec sur scène, on l'aura deviné, le trio Guignol, Gnafron et Madelon. Au dos de ce monument est gravée la liste des marionnettistes les plus remarquables parmi ceux qui ont donné vie à ces personnages éternels.

Prenons la ficelle !

5ᵉ arrondissement
Funiculaires
Rue Tramassac (gare inférieure)

La ville aux deux collines ne pouvait pas ignorer l'usage des funiculaires, qualifiés ici du pittoresque mais fort opportun surnom de « ficelles ». Sur les cinq lancées au XIXᵉ siècle, deux seulement sont toujours en activité. Elles partent du quartier Saint-Jean et s'engouffrent dans la colline après avoir franchi la rue Tramassac via un pont métallique. Elles bénéficient d'une gare commune à deux quais, reliée à une grande station de métro souterraine avec puits de lumière, récemment imaginée par les architectes Garbit & Pochon.

La première, ouverte en 1878, modernisée en 1986, grimpe ses 791 mètres et ses 91 mètres de dénivelé pour atteindre la station haute de Saint-Just, jadis continuée par une petite ligne de chemin de fer. Le tout en 3 minutes 20 secondes. La seconde, percée en 1900, met 2 minutes à peine pour atteindre l'esplanade de Fourvière distante de 404 mètres.

Des trois ficelles disparues, celle qui reliait la rue Terme au boulevard de la Croix-Rousse était la plus ancienne de France. Inaugurée avec éclat en 1862, elle fut transformée en banale chaussée routière en 1968. Quant à celle partant du quartier Saint-Paul pour rejoindre elle aussi Fourvière et, au-delà, le cimetière de Loyasse – d'où son surnom de ficelle des corbillards –, elle fut supprimée en 1937 (cf p. 112). Reste évidemment le cas hybride du funiculaire qui relie depuis 1891 la place Croix-Paquet, non loin du Rhône, à la place de la Croix-Rousse. On l'a conservé, rallongé et mis en contact avec la station Hôtel-de-Ville du métro, dont il en est même devenu la ligne C…

Lyon à Marie !

Lyon a toujours voué un culte particulier à la Vierge Marie, jusqu'à lui dédier un site au sommet de la colline de Fourvière. Les restes de la chapelle Saint-Thomas remontant au Moyen Âge (Thomas Becket y séjourna), l'ancienne chapelle du XVIIIe siècle et enfin l'imposante basilique de la fin du XIXe sont les témoins de cette ferveur, qui s'explique notamment par les calamités qui ont régulièrement meurtri Lyon tout au long de son histoire.

Deux célébrations de la Vierge ont encore cours aujourd'hui. La fête de la Nativité, le 8 septembre, est marquée par la bénédiction de la ville que l'archevêque donne du haut du sanctuaire. Elle rappelle le vœu prononcé par les échevins locaux, en 1643, qui décident de placer Lyon, alors frappée par une épidémie de peste, sous la protection de Marie. Désormais, chaque année, à cette date, ils monteront à Fourvière à pied et en procession, afin d'y entendre la messe et d'y offrir un don à la mère de Dieu : sept livres de cire blanche et un écu d'or. Par surcroît de précaution peut-être, une bénédiction sera rajoutée en 1681 ; elle sera supprimée sous la Révolution, puis rétablie sous la mandature (1957-1976) de Louis Pradel.

La manifestation du 8 décembre rappelle l'installation de la Vierge dorée, toujours *in situ*, en 1852. Trois ans plus tôt, menaçant ruine, le vieux clocher de la chapelle élevée en 1740 par l'architecte Ferdinand Delamonce a dû être démoli, au grand désespoir des Lyonnais. Dès l'année suivante, l'architecte Alphonse Duboys imagine un nouveau clocher dont la coupole allongée doit être couronnée par une monumentale statue – 5,60 mètres – de Marie, mains ouvertes, jetant un regard compatissant vers la cité. Le sculpteur Joseph-Hugues Fabisch est choisi par concours et l'installation fixée au 8 septembre 1852. Le clergé a encouragé les fidèles à orner leurs fenêtres de lumignons. Hélas ! Des inondations de la Saône ayant envahi l'atelier de la Presqu'île où repose la statue, la cérémonie est repoussée au 8 décembre, fête de l'Immaculée Conception. Il a été prévu que la Vierge dorée soit éclairée en soirée par des feux de Bengale. Nouveau coup du sort : ce jour-là, une pluie diluvienne disperse l'assistance et, le soir, l'effigie reste dans la pénombre, malgré le calme revenu. Des Lyonnais imaginent alors de placer des bougies allumées devant leurs fenêtres, et le mouvement se répand rapidement dans la ville… C'est là l'origine de ce qui est devenu au XXe siècle la fête des Lumières.

Quant à Fabisch, le succès remporté par sa sculpture lui assure en 1863 une autre commande : celle de la Vierge de Lourdes !

De sacrées polémiques

En octobre 1870, en pleine guerre avec la Prusse, de pieuses Lyonnaises décident de monter à Fourvière prier la Vierge afin qu'elle épargne leur ville de l'invasion ennemie. Reprenant un projet en discussion depuis plusieurs années, l'archevêque Ginouilhac fait alors le vœu d'élever une nouvelle église mariale si les Prussiens n'entrent pas à Lyon. Sa prière étant exaucée, une souscription est aussitôt lancée parmi les fidèles. C'est en décembre 1872 qu'a lieu la pose de la première pierre. Le chantier, qui durera des années, va profondément diviser la population.

L'imposante construction proposée par l'architecte en titre, Pierre Bossan, a des allures de forteresse. Son style, jugé hétérogène, voire hétéroclite, et son esthétique déclenchent les passions et les oppositions. Un journaliste parle d'un « éléphant renversé » – l'expression fera fureur. Un autre y voit une femme dont la poitrine s'échappe d'un corset trop serré… Sous l'anticléricale IIIe République, les partisans de la laïcité se scandalisent de cette « citadelle de la superstition et de l'exploitation religieuse » ; ils sont notamment exaspérés par le saint Michel sculpté par Millefaut, symbole du Bien qui transperce le Mal, dressé sur l'abside et pointant sa lance vers la ville qu'il domine.

Pourtant les dons affluent. La Commission de Fourvière, formée par des notables lyonnais catholiques dès 1853 en vue d'acquérir les terrains nécessaires à la nouvelle église, proclame que « rien n'est trop beau pour notre Reine ». Malgré cela et même après la consécration par le cardinal Coullié en juin 1896, puis l'érection en basilique dès l'année suivante, une partie des catholiques lyonnais s'avoue choquée par la richesse du nouveau sanctuaire, paré de marbre et d'or, dont la décoration surabondante ne sera d'ailleurs jamais achevée.

Un journal local, *Le Salut public*, pourtant conservateur, note que « si l'œil est ébloui, cette prodigalité accorde trop au regard et pas assez au recueillement ». Et d'évoquer la salle des fêtes d'un casino vénézuélien…

Acte de naissance

5e arrondissement
Stèle à la mémoire de Munatius Plancus
Rue Cléberg, à l'angle de la montée Cardinal-Decourtray

EN CE LIEV
LE 10 OCTOBRE 43 AV.J.C.
L·MVNATIVS·PLANCVS
A·EFFECTVE·LES
RITES·DE·FONDATION
DE·LA·COLONIE·DE
LVGDVNVM

LE 10 OCTOBRE 1958
M·LOVIS·PRADEL
MAIRE·DE·LYON
A·ERIGE·CETTE·STELE
POVR·COMMEMORER
LE·BIMILLENAIRE
DE·LA
FONDATION·DE
LYON

Cette stèle bien modeste porte un médaillon de bronze représentant le fondateur de Lugdunum, Munatius Plancus, envoyé du Sénat romain, offrant des épis de blé au génie tutélaire de la cité, ceint d'une couronne et portant un sceptre, une épée et une corne d'abondance. Inaugurée le 10 octobre 1958, elle visait à commémorer le bimillénaire de la création de la ville, en 43 av. J.-C., le lieu passant pour avoir été l'un des deux axes principaux de la ville romaine, le *decumanus*. Quant au jour, situé entre juillet et novembre, l'archéologue Amable Audin, qui travailla sur le chantier pendant un demi-siècle, retint celui du 10 octobre, en se basant sur le lever du soleil.

Mais on met aujourd'hui en doute la date officielle de la « naissance » de la cité. Des fouilles menées en 1990 sur le site proche du Verbe Incarné mirent au jour des fossés défensifs bien antérieurs à l'an – 43 ; d'autres, liées aux travaux du métro et à ceux de la voie rapide TEO (Transversale est/ouest), firent apparaître au nord, dans la dépression de Vaise, près de la Saône, des traces de feux – donc de vie – datant du néolithique. Dès 500 av. J.-C., ces pré-Lyonnais commerçaient avec Marseille et, au-delà, avec le pourtour méditerranéen.

Coups de théâtre

5ᵉ arrondissement
Théâtre antique
Rue de l'Antiquaille

Des générations d'historiens plus savants les uns que les autres l'ont assuré : la puissante cité romaine de Lugdunum était dotée d'un théâtre et d'un amphithéâtre. À charge pour les archéologues de les situer au gré des études et des fouilles.

En 1887, l'honorable professeur Lafon lance son verdict : le plateau de Fourvière recèle les ruines de l'amphithéâtre cher aux chrétiens. C'est juré ! De fait, quand en 1930 les sœurs du Refuge de Notre-Dame de la Compassion, y faisant creuser leur jardin par un ouvrier, trouvent un mur, des restes de gradins et divers objets dont des dents d'animaux, les Lyonnais se passionnent. Ce sont là les restes de l'amphithéâtre aux Martyrs, affirment certains ; des plumes pieuses tenant même les dents retrouvées pour celles qui dévorèrent les augustes victimes.

En avril 1933, le maire Édouard Herriot, en quête de certitudes, décide de lancer un important chantier de fouilles. Toujours en cours, il représente aujourd'hui un parc archéologique d'environ 3 hectares où ont été retrouvés plusieurs tronçons de voies romaines, un ensemble de boutiques et d'importants monuments publics, dont le fameux grand théâtre d'une capacité de 10 000 spectateurs flanqué d'un petit odéon, consacré à la musique et au chant. Mais d'amphithéâtre, point de traces…

On sait désormais qu'il se trouve sur les pentes de la Croix-Rousse (cf. p. 18). Quant au théâtre, il est rendu chaque année à sa fonction première lors du festival des Nuits de Fourvière.

109

Plus d'eau !

5e arrondissement
Vestiges de l'aqueduc du Gier
30, rue Roger-Radisson

Venu des monts du Lyonnais, cet aqueduc ne parcourait pas moins de 86 kilomètres avant d'arriver à Lugdunum où il débitait 15 000 m³ d'eau par jour, jusqu'à une hauteur de 7 mètres. De l'aqueduc du Gier, il ne subsiste que quelques arches, certaines hors de Lyon, d'autres dans la ville elle-même, notamment rue Roger-Radisson et dans l'enceinte de l'ancien fort Saint-Irénée.

Trois autres grands aqueducs suivaient cette même trajectoire pour alimenter la ville. À chaque déclivité, ces édifices de pierre et de brique étaient dotés de tout un système de siphons en plomb. Un matériau qui, fort précieux à l'époque, fit l'objet d'une sorte de marché parallèle autant que fructueux.

De fait, dans l'insécurité régnant à la fin de l'Empire, des bandes de brigands mêlant esclaves insoumis et anciens soldats en rupture de légion s'attaquèrent aux aqueducs afin d'en dérober le précieux métal. Lugdunum se vit alors privée d'eau et les habitants finirent par abandonner la colline pour se réfugier sur les bords de Saône, près de l'autorité nouvelle de l'évêque, là où allait naître le Vieux Lyon.

Un phare républicain

5e arrondissement
Tour métallique
Colline de Fourvière
8, montée Nicolas-de-Lange

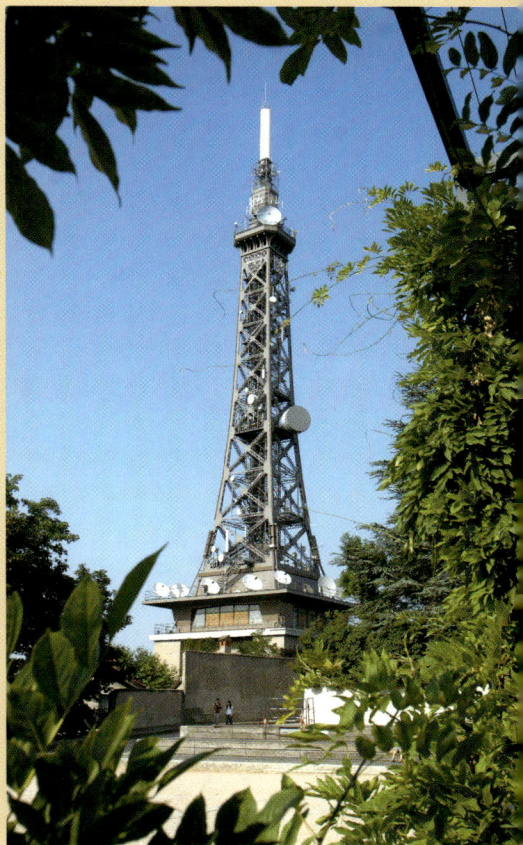

Lors de son inauguration, le 2 mai 1894, un journal lyonnais évoquera « cette hardie construction qui, en proportions moindres, est la reproduction de la fameuse tour métallique que le monde entier est allé admirer à Paris ». Pourtant, Gustave Eiffel n'est pour rien dans l'affaire. L'idée revient à un particulier, monsieur Gay, qui tient sur la colline, au nord de la basilique, un restaurant à la vue imprenable. Cet homme avisé, pour attirer les nombreux visiteurs attendus à l'Exposition universelle qui va s'installer au parc de la Tête d'Or, décide de faire construire sur la colline de Fourvière une tour de 80 mètres de haut.

Une équipe dirigée par l'ingénieur Jacques Buffaud réalise l'ouvrage à partir d'une ossature de 160 tonnes de fer montée par l'entreprise lyonnaise Patiaud & Lagarde, alors que la maison Paufique a élaboré les maçonneries du fondement et du premier étage de la tour. Un étage où l'on ouvre – les affaires sont les affaires – un restaurant panoramique d'allure mauresque, auquel on accède par un ascenseur hydraulique pouvant accueillir vingt personnes. Une dynamo, capable de fournir 100 ampères, permet d'allumer le soir un puissant projecteur électrique qui envoie ses rayons jusqu'à 10 kilomètres à la ronde.

Il convient d'ajouter que cette merveille de la science, de la technique et du progrès réunis dépasse en hauteur la Vierge dorée de l'ancienne chapelle de Fourvière… de 35 centimètres ! Tout un symbole. Certains Lyonnais n'en sont pas peu fiers et parlent volontiers de « phare républicain ».

Par la suite, le restaurant Gay fermera ses portes. Quant à la tour de monsieur Buffaud, elle sera achetée en 1953 par la RTF pour devenir un relais de radio, puis de télévision.

La ficelle des morts

5e arrondissement
Passerelle des Quatre-Vents
12, montée Nicolas-de-Lange

C'était au temps où grimper la colline afin d'aller ensevelir les corps des Lyonnais au cimetière de Loyasse épuisait les chevaux devant emprunter la lointaine montée de Choulans. D'où l'ouverture, le 6 décembre 1900, d'une ligne de tramway aérien reliant Loyasse à Fourvière et d'un funiculaire, permettant de redescendre jusqu'à la place Saint-Paul. Avec des emplacements réservés aux cercueils.

L'arrivée de l'automobile, qui montait allègrement les collines, fit une concurrence victorieuse à cette « ficelle des morts », comme disaient les Lyonnais d'alors. Le funiculaire disparut en décembre 1937 ; le tramway, lui, tint un an de plus, avant de s'avouer à son tour vaincu. Et le site de s'endormir pour un bon demi-siècle.

Depuis 1993, à l'initiative d'un adjoint à l'urbanisme épris de verdure, Henry Chabert, et après les travaux menés par les architectes Manuelle Gautrand et Marc Malinowski, le site est devenu un merveilleux parcours piétonnier lancé dans les airs au-dessus des prés, des arbres et des fleurs – en particulier d'opulentes pivoines – du parc des Hauteurs de Lyon. Mais c'est aussi l'exemple trop rare du réemploi d'une ancienne structure métallique longtemps oubliée, reprenant vie à des années-lumière de sa vocation première, le transport de corbillards.

Skier dans la ville

5e arrondissement
Ancienne piste de ski de la Sarra
Place du 158e-R.I.

Le 29 novembre 1964, un dimanche, près de 5 000 Lyonnais se pressent sur les pentes de la colline de Fourvière pour découvrir la première piste de ski artificielle installée en milieu urbain. Une idée de l'adjoint aux sports, Tony Bertrand, séduit par une telle piste à la foire de Grenoble, reprise par le maire Louis Pradel.

Le revêtement de Nylon, à l'aspect de tapis-brosse, provient de Bologne. Sur les pentes de la Sarra est donc montée une piste de 300 mètres de long sur 25 mètres de large, avec un dénivelé de 80 mètres. Elle est desservie par un télésiège biplace, bénéficie de vestiaires et de sanitaires, et est même éclairée le soir…

Le lancement de cette infrastructure hors normes est un peu gâché par l'absence des grands noms attendus : Jean-Claude Killy, Guy Périllat, les sœurs Goitschel… le secrétaire d'État à la Jeunesse et aux Sports, Maurice Herzog, en délicatesse avec le maire de Lyon, ayant signifié à l'équipe de France de ski de ne pas s'y présenter.

Mais les Lyonnais, eux, sont au rendez-vous : ils vont être 2 millions à venir skier ici en dix ans. Le succès use à l'excès le fameux revêtement, qui devient dangereux. On en essaie un nouveau, mais cette fois ce sont les changements de température qui lui seront fatals. En 1975, le site ferme définitivement. Rendu aux arbres et à la prairie, la Sarra accueille parfois aujourd'hui des épreuves de VTT et offre aux gones des exercices d'accrobranche dans les arbres longeant feu la piste de Monsieur le Maire.

Fantaisies funéraires

5e arrondissement
Cimetière de Loyasse
43, rue du Cardinal-Gerlier

Paris a inauguré le cimetière du Père-Lachaise en 1804 ; Lyon ouvre le cimetière de Loyasse en 1808. Le second peut sembler une émanation du premier, encore que sa conception, alignant dès le début des rangées de tombes côte à côte, de façon géométrique et rigoureuse, l'éloigne assez du jardin funéraire romantique.

Si le XVIIIe siècle s'est inquiété des cimetières dans les villes, des tombes dans les églises, des fosses communes répandant leurs miasmes alentour, Napoléon Ier a tranché par un décret de juin 1804 posant les bases qui régiront les cimetières français pendant deux siècles. L'inhumation individuelle sera désormais de règle et la concession de mise, instaurant le fameux « tombeau de famille », composante obligée dans l'existence sociale d'une classe en pleine ascension : la bourgeoisie.

Celle de Lyon investira donc le nouvel espace réalisé sur la colline de Loyasse selon les plans de l'architecte Pascal Gay d'une pépinière de dalles devenues bien vite, en fonction des modes et des fantaisies diverses, des sarcophages, des colonnes, des obélisques, des pyramides, des croix, des stèles… Si le Père-Lachaise a sa première chapelle en 1815, Loyasse a la sienne en 1823, ouvrant le lieu aux édifices couverts, qu'ils soient néogothiques, néoromains, voire néo-égyptiens.

Au hasard des allées, on peut retrouver le souvenir de nombreuses personnalités, tels que Pierre Bossan, architecte de la basilique de Fourvière, l'industriel et mécène Émile Guimet, créateur des musées éponymes de Lyon et de Paris, le major Martin qui fonda par testament l'école de la Martinière, le général Mouton-Duvernet, que la Restauration fusilla sur les bords de Saône, les frères Lumière, Antoine Gailleton, dont la tombe fut élevée par Tony Garnier, Édouard Herriot… On ne manquera pas le monument aux sapeurs-pompiers morts au feu (1896), le Carré des prêtres, clos par un mur bas, ou encore les cinq tombes des membres fondateurs de la Petite Église de Lyon (par refus du Concordat de 1802), réunies là en 1984, mais aussi les tombes plus singulières, comme celle du fameux Maître Philippe de Lyon, fleurie régulièrement plus d'un siècle après la disparition du guérisseur. On l'aura compris : le gotha des « vrais Lyonnais » est là !

Ci-gît le père
de la franc-maçonnerie lyonnaise

5e arrondissement
Cimetière de Loyasse, allée 10
43, rue du Cardinal-Gerlier

Sur la dalle de ce tombeau semblable à tant d'autres, l'inscription précise : « Ici repose Jean-Baptiste Willermoz, né le 10 juillet 1730. Décédé le 29 mai 1824, à l'âge de 94 ans, sa longue carrière fut consacrée à ses concitoyens et à sa famille. Administrateur des hôpitaux de Lyon, membre du conseil général, président du bureau de bienfaisance de son arrondissement, fabricien de sa paroisse, il fut, dans toutes les fonctions publiques ainsi que dans la vie privée, chrétien zélé et l'ami des pauvres… » Ce que cette épitaphe ne révèle pas – pieuse omission –, c'est que l'homme fut aussi l'inspirateur de la maçonnerie mystique, dans une ville tout entière vouée au culte de Marie.

Archétype du négociant lyonnais du siècle des Lumières, initié dès l'âge de 20 ans, Jean-Baptiste Willermoz franchit allègrement tous les échelons et fonde en 1753 la loge de la Parfaite Amitié, dont il devient le grand maître. Développant un réseau de correspondants étendu et efficace par-delà les frontières, il côtoie rapidement les grands noms européens de la franc-maçonnerie et du mysticisme. Willermoz sera l'artisan de la maçonnerie lyonnaise, qui compte aujourd'hui parmi ses membres une foule de notables et d'hommes politiques de tous bords.

La fontaine sans famille

Véritable coulée verte à flanc de colline, replantés de rosiers anciens et d'hortensias en 1996, les jardins du Rosaire servent de lien végétal entre l'esplanade de Fourvière et les quartiers du Vieux Lyon. Une promenade agreste qu'il vaut mieux parcourir à la descente pour savourer, à travers les frondaisons, une mosaïque d'échappées visuelles sur la ville.

Dans l'un de ces recoins, le promeneur peut remarquer une modeste fontaine, qui ne manque pas d'allure avec sa vasque ovale et sa stèle joliment galbée couronnée par une coquille et une boule de pierre. Le macaron en fonte, d'où l'eau peut toujours s'échapper – hélas de plus en plus rarement – représente un dauphin parmi des joncs.

Cette fontaine est née au cœur de la Presqu'île en même temps qu'une sœur jumelle, créée elle aussi en 1730 par Michel Perrrache – le père du futur urbaniste du Confluent – sur commande de la municipalité. Elles étaient destinées à être posées contre le mur de la Maison commune, place des Terreaux, afin d'offrir de l'eau aux habitants du quartier.

À la fin des années 1850, lors des travaux de restauration de l'hôtel de ville, l'une des deux fontaines est montée sur l'esplanade de Fourvière, alors que la seconde disparaît mystérieusement. Séparée de sa compagne, privée d'eau, la pauvrette est mal mise en valeur et plusieurs fois déplacée avant de gagner, en 1996, son emplacement actuel.

La nuit où la colline bougea

5e arrondissement
Plaque commémorative
Rue Tramassac,
en face de la rue de la Brèche

La catastrophe de LYON-SAINT-JEAN
Vue générale de l'éboulement

(Coll. part.)

Cette plaque discrète, scellée à même le sol au sein de la verdure qui a remplacé les vieilles pierres, rappelle un des épisodes les plus tragiques que la ville ait connus.

Dans la nuit du 12 au 13 novembre 1930, les habitants du Vieux Lyon sont réveillés en sursaut par un sinistre grondement : un important glissement de terrain vient de se produire sur les pentes de Fourvière. Des tonnes de terre et de roches arrachées à la colline ont englouti les îlots d'immeubles situés entre la montée du Chemin-Neuf et la rue Tramassac, l'une des plus anciennes de la ville. L'alerte donnée, les sapeurs-pompiers s'emploient à dégager morts et survivants, quand une nouvelle masse de terre se détache et ensevelit les sauveteurs. La panique s'empare des riverains : persuadés que la colline tout entière va s'effondrer, ils fuient le quartier en traversant la Saône ou se réfugient à l'intérieur de la primatiale Saint-Jean, ouverte par le clergé.

Le bilan sera lourd : 40 morts, parmi lesquels 19 pompiers – dont leur chef, le capitaine Rochat –, 4 gardiens de la paix et 17 habitants, auxquels la ville, encore sous le choc, fait des obsèques solennelles. Puis il faut se résoudre à démolir l'ancienne abbaye devenue l'hôpital des Chazeaux, qui surplombe dangereusement le vide.

Une polémique s'ensuit quant aux origines de la catastrophe : on reparle d'un lac qui existerait sous Fourvière, on accuse la fragilité de la roche, la présence d'eaux souterraines mal drainées, mal évacuées, que les services de la voirie municipale auraient non seulement négligées, mais empêchées de s'écouler par endroits. Il en résultera diverses actions en justice classées sans suite.

C'EST A L'EMPLACEMENT DE CE JARDIN QVE
DANS LA NVIT TRAGIQVE DV 13 NOVEMBRE 1930
LORS DE L'EBOVLEMENT DE LA COLLINE DE
FOVRVIERE FVRENT ENSEVELIS SOVS LES
DECOMBRES 16 HABITANTS DE LA RVE
TRAMASSAC AINSI QVE 4 GARDIENS DE
LA PAIX ET 19 SAPEVRS - POMPIERS
DES CASERNES DE LYON QVI S'ETAIENT
VAILLAMMENT PORTES A LEVR SECOVRS
PASSANT SOVVIENS TOI

Une ville dans la ville

5e arrondissement
Vestige du rempart de l'enceinte
du cloître Saint-Jean
Angle de la rue Tramassac
et de la rue de la Brèche

C'est un simple pan de mur en pierres apparentes, enchâssé depuis 1983 à l'arrière d'une Maison pour Tous. Il s'agit là pourtant du dernier vestige de l'ancienne enceinte médiévale du grand cloître où résidaient les puissants chanoines-comtes de Lyon.

L'immense puissance politique et financière possédait sur plus de 100 kilomètres à la ronde de grands domaines entretenus par des serfs. Seuls les fils de la noblesse à même de prouver un ancien lignage pouvaient être admis au sein du chapitre de Saint-Jean.

Malgré le rattachement manu militari du comté de Lyon au royaume de France par Philippe le Bel au début du XIVe siècle, les chanoines conserveront jusqu'à la Révolution française leurs richesses et certains droits de justice sur le grand cloître, véritable ville dans la ville... dont ils ne sortent qu'à cheval !

Le plus ancien bâtiment religieux de Lyon

5e arrondissement
Manécanterie de la cathédrale Saint-Jean
Place Saint-Jean

Ce bâtiment discret passe pour être la plus ancienne maison lyonnaise. Il abritait jadis la manécanterie qui formait au chant religieux les petits clercs de la cathédrale voisine. Il est vrai que l'édifice remonte au tout début du IXe siècle, du temps de Charlemagne. Il fut d'ailleurs construit par un ami de l'Empereur, l'évêque Leidrade. À l'origine, c'était la salle à manger commune des chanoines-comtes, avant que chacun d'eux ne prenne possession d'un hôtel particulier dans le grand cloître, abandonnant le lieu aux petits clergeons.

La maîtrise était réputée dans toute la chrétienté. D'autant plus que, très longtemps, le rite lyonnais n'utilisa que le chant a capella, bannissant tout instrument de musique, considéré comme diabolique. Le cardinal de Bonald lui-même, arrivant pour prendre possession de son siège épiscopal en 1840, aurait eu toutes les peines du monde à vaincre la prévention des chanoines afin de faire installer un modeste petit orgue positif sous les voûtes !

La manécanterie à la Belle Époque, reconvertie en logements locatifs. (Coll. part.)

357. LYON — Place Saint-Jean - Manécanterie (XIe siècle) - E.R.

En 1760, le bâtiment échappe à la démolition, puis subit de nombreuses déprédations, notamment à la suite de sa transformation en immeuble de rapport sous la Révolution. Ce n'est que récemment que la manécanterie a retrouvé sa façade d'origine avec ses belles incrustations de brique et ses arcatures sur petits chapiteaux. Elle abrite depuis 1930 le trésor de la cathédrale Saint-Jean.

À la bonne heure

Le suisse de service depuis des siècles fait sa ronde, le coq chante et bat des ailes, la colombe descend par une trappe une fois sa mission accomplie… À midi, 14 heures et 16 heures, tout un petit monde d'automates s'anime au sommet de l'horloge, tandis qu'un carillon de clochettes égraine l'hymne de la Saint-Jean. Le reste du temps, l'horloge astronomique de la primatiale des Gaules se contente de sonner plus banalement l'heure qui passe.

C'est en 1538 que cet instrument remarquable est construit – ou peut-être entièrement reconstruit, les textes ne sont pas clairs à ce sujet – par l'horloger bâlois Nicolas Lippius. Quand les huguenots prennent la ville en 1562, l'horloge, symbole du culte papiste, est très gravement endommagée et il lui faudra subir plusieurs restaurations avant d'arborer sa décoration baroque actuelle.

Dotée d'un singulier cadran, non pas rond, mais ovale, elle indique les minutes, les heures… mais aussi les mois, les années, les fêtes ecclésiastiques, la position du soleil et dispose d'un calendrier perpétuel qui court jusqu'en 2029.

Ange ou démon ?

5e arrondissement
Gargouille
Cathédrale Saint-Jean
Place Saint-Jean

Ils sont 368 médaillons, pas un de moins, à encadrer les trois portails de la Primatiale, formant une sorte de bande dessinée de pierre. Sculptés au début du XIVe siècle par des artisans normands, ils avaient pour objet de raconter aux fidèles, souvent analphabètes, les grands moments de la Bible et les petits détails de la vie populaire quotidienne, au rythme des saisons. Quitte à puiser aussi dans la mythologie, l'astrologie, la kabbale et à agrémenter le tout de scènes fort lestes, voire franchement paillardes.

Les saints, les anges, les pieuses femmes en prière et les labours nourriciers sont certes représentés, mais on peut aussi contempler une certaine « chevauchée du repentir des maris cornards », montrant un homme en chemise avec sur le dos une femme – sans doute la sienne – qui le flagelle allègrement, ou encore une sorcière se rendant au sabbat chevauchant un bouc lubrique. Mais la plus salace de ces images est prudemment placée tout en haut de la façade est : c'est une gargouille au genre sans équivoque sacrifiant sans pudeur au culte… d'Onan.

123

Un puzzle archéologique

5e arrondissement
Vestiges d'un groupe épiscopal
Rue Mandelot

Des fouilles récentes, réalisées à l'occasion d'un projet d'extension du palais de justice voisin, finalement abandonné, ont permis de mettre au jour les restes de trois édifices religieux du haut Moyen Âge, qui formaient à l'époque le « groupe épiscopal ».

Au nord, en direction du palais de justice, l'église Sainte-Croix, dont il subsiste une arcade, retrouvée incluse dans le mur d'une maison, servait d'église paroissiale du quartier. À ses côtés, se trouvait la petite église Saint-Étienne, construite autour d'un baptistère d'origine paléochrétienne. Enfin, sous les fondations de l'actuelle primatiale Saint-Jean, existait une église primitive réservée à l'évêque.

Au sein d'un ensemble agreste, des pierres et des marques au sol, constituant une sorte de vaste puzzle, facilitent la compréhension de la topographie de l'endroit.

À toute vapeur

5e arrondissement
Plaque commémorant la première sortie
du pyroscaphe de Jouffroy d'Abbans
À côté du 27, quai Romain-Rolland

La réussite et la notoriété ? Ou l'échec et une balle dans la tête ? Ce fut la réussite, mais la notoriété se fait encore désirer... Qui sait que c'est à Lyon, sur la Saône, dès 1783, que naviga le premier bateau à vapeur du monde, conçu et piloté par le marquis Claude Dorothée de Jouffroy d'Abbans, alors âgé de 32 ans seulement ?

LA VILLE DE LYON
À
CLAUDE DOROTHÉE DE JOUFFROY D'ABBANS
1751 - 1832

LE 15 JUILLET 1783, LE "PYROSCAPHE" PREMIER NAVIRE À VAPEUR ET À ROUES, ÉVOLUA À LYON, SUR LA SAÔNE ET REMONTA SON COURS "SANS L'AIDE D'AUCUNE FORCE ANIMALE ET PAR L'EFFET SEUL DE LA POMPE À FEU"

Né près de Besançon, dans une famille de la petite noblesse, le jeune homme est une forte tête. Contraint par sa famille à embrasser la carrière militaire, il ose provoquer son colonel en duel. Suite à quoi, son père le fait enfermer deux ans à la prison de l'île Sainte-Marguerite, la plus grande des îles de Lérins, en face de Cannes, où avait vécu le célèbre Masque de fer.

Sa peine achevée, le rebelle, revenu à de meilleurs sentiments, rentre à Besançon. Passionné de mécanique, il s'intéresse à la machine à vapeur inventée à la fin du XVIIe siècle par Denis Papin. Il imagine un bateau mû par ce moyen et tente de le faire naviguer sur le Doubs, mais il échoue. Il part alors s'installer à Lyon, ville fluviale par excellence, qui possède des ateliers de chaudronnerie réputés. Chez le constructeur Antoine Frèrejean, dans le quartier de Vaise, il fait construire un bateau long de 43 mètres et large de 4,60 mètres, au tirant d'eau de 1 mètre. Deux grandes roues à aubes actionnées par la vapeur doivent assurer le déplacement, alors qu'une équipe d'une huitaine d'hommes alimente constamment la chaudière. Jouffroy d'Abbans a consacré toutes ses économies, soit 30 000 livres, à son projet, et, le jour de la mise à l'eau, le 15 juillet 1783, il porte sur lui un pistolet chargé, afin de pouvoir se suicider en cas de nouvel échec.

Devant des milliers de Lyonnais massés sur les rives de la Saône, l'audacieux inventeur et son navire doivent remonter jusqu'à l'île Barbe. Victoire ! Les 3 kilomètres sont parcourus en 15 minutes. Jouffroy d'Abbans imagine alors d'exploiter une ligne de bateaux à vapeur sur la Saône. Mais le projet se révèle prématuré... Les bateaux-mouches construits par les chantiers Félizate, installés dans le quartier de la Mouche, ne feront leur apparition qu'en 1862.

Les vingt-quatre colonnes

5e arrondissement
Ancien palais de justice
Place Paul-Duquaire

Inutile de recompter : la façade de l'ancien palais de justice de Lyon est bien ornée de deux douzaines de colonnes corinthiennes, « Les vingt-quatre colonnes », comme les gones les appellent encore souvent entre eux.

De tout temps on rendit ici la justice, royale puis républicaine. Rien d'étonnant donc à ce qu'en 1824, le site soit désigné pour la construction d'un palais de justice. Le concours organisé à cet effet suscite bien des palabres et des protestations, mais aussi de nombreux projets. Un candidat propose même de bâtir un édifice sur un pont reliant les deux rives de la Saône ! C'est finalement le projet de l'architecte Louis-Pierre Baltard – le père du constructeur des halles de Paris – qui est retenu. Il mettra dix ans à venir à bout du chantier (1835-1845).

Ce palais à l'antique sera le témoin de procès célèbres, comme ceux de Santo Caserio, l'assassin du président Sadi Carnot, de Giovanni Richetto, le tueur de veuves, de Charles Maurras, ou encore, plus récemment, celui de Klaus Barbie.

Depuis la construction en 1995 du nouveau palais de justice dans le quartier de la Part-Dieu, son aîné ne conserve plus que le siège de la cour d'appel et celui de la cour d'assises.

De la fornication à la dévotion

5ᵉ arrondissement
Ancienne maison des Étuves
7, rue des Trois-Maries

A u XVᵉ siècle, l'ancienne rue des Estuves est l'une des rues « chaudes » de Lyon. Car dans les bains mixtes ouverts en sa demeure par la noble famille des Aymard de Villeneuve, on ne se contente pas de pratiquer la baignade et la sudation. Les archives municipales possèdent encore des protestations véhémentes de riverains contre les ébats, tarifés et fort peu discrets, dont ils sont également le théâtre.

Quand le sieur Antoine Ganivet rachète la maison des Étuves, la rue prend naturellement son nom, mais sans que sa vocation ne change pour autant. Ce n'est qu'au siècle suivant, au grand dam des habitués, que la maison de prostitution ferme ses portes, remplacée par une hostellerie singulièrement placée sous l'égide des trois Maries : Marie-Cléophas, belle-sœur de la Vierge, Marie-Jacobé, mère de saint Jacques le Mineur, et la désormais très célèbre Marie-Madeleine. Un étonnant triumvirat, que le tenancier fait figurer sur le linteau de la maison sous l'aspect de trois statuettes. Cinq siècles plus tard, les trois saintes sont toujours là, mais en bien piteux état.

Une HLM grand style

5e arrondissement
Ancien palais du gouverneur de Lyon
2, place du Gouvernement

Heureux habitants du 2, place du Gouvernement ! Savent-ils seulement que leur immeuble fut d'abord auberge, puis relais de poste ? Savent-ils surtout qu'il fut l'un des hauts lieux du pouvoir lyonnais du XVe au XVIIIe siècle ?

Qui dit place du Gouvernement dit palais de son représentant, en l'occurrence, sous l'Ancien Régime, Monseigneur le Gouverneur de la ville de Lyon et des provinces du Lyonnais, du Forez et du Beaujolais. On imagine alors qu'un tel personnage ne pouvait consentir à vivre et exercer ses fonctions que dans un bâtiment imposant et cossu à la mesure de son titre. Et pourtant, ce ne fut pas le cas à Lyon, où le représentant du roi et ses services s'installèrent progressivement dans plusieurs immeubles bordant ladite place, qu'on relia entre eux par des passages.

Modifications, transformations, destructions, reconstructions s'étant succédé là dès le XVIIe siècle, il est aujourd'hui difficile de s'y retrouver parmi tous les bâtiments qui nous sont donnés à voir ici. Une chose est sûre : malgré sa tour en façade abritant un escalier à volée droite, ses belles portes d'entrée jumelées et leurs impostes en fer forgé, l'immeuble sis au 5, place du Gouvernement n'en faisait pas partie. Le seul survivant se trouve bien au n° 2 de la place, comme le rappelle une plaque apposée sur sa façade aux étroites fenêtres accolées. Passé le seuil, un long couloir d'ogives mène à une cour supérieure où subsistent les restes d'un puits et qui traboule avec le n° 10 du quai Romain-Rolland.

Place des extra-terrestres

5ᵉ arrondissement
Porte d'immeuble
3, place du Change

Ce n'est ni une illusion d'optique ni la conséquence d'un fâcheux excès de beaujolais : la
porte de l'immeuble du XVᵉ siècle lové dans
un coin de la place du Change est de fait
étrangement inclinée ; tout comme son tym-
pan grillagé. Un glissement de terrain sans
doute, encore qu'autrefois les Lyonnais
auraient pu y voir la conséquence d'un événement extraordinaire, justement survenu
place du Change, à savoir ni plus ni moins
que la venue d'extra-terrestres !

À en croire de vieilles chroniques locales,
sous le règne de l'empereur Louis le Débon-
naire, fils de Charlemagne, c'est-à-dire au
début du IXᵉ siècle, on vit atterrir là une sorte
de char volant. En descendirent trois hommes
et une femme, fort mal reçus par une population voyant en eux des sorciers ou des magi-
ciens venus jeter le désordre et la famine en
« Lyonnois ». On les garrotta et on les
emmena prestement chez l'évêque, le sage
Agobard, un homme érudit et savant, qui exa-
mina le cas, n'y trouva point malice et fit relâ-
cher les inconnus. Lesquels disparurent sans
demander leur reste. Depuis, l'on n'a plus
signalé pareil atterrissage en ce lieu.

Une jolie doyenne

5e arrondissement
La maison Thomassin
2, place du Change

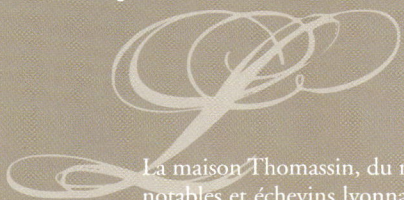

La maison Thomassin, du nom d'une ancienne famille de marchands, notables et échevins lyonnais – les trois fonctions étaient alors volontiers cumulables –, qui l'avait habitée à partir de 1596, est semble-t-il à ce jour le plus ancien bâtiment civil conservé à Lyon.

Ce n'est pas à sa belle façade gothique ornée de blasons, donnant sur la place, qu'elle doit ce titre ; celle-ci habille un deuxième étage du XVe siècle, un premier étage du XVIe siècle et un rez-de-chaussée refait au XIXe siècle. Mais son plafond peint datant de Saint Louis (fin du XIIIe siècle), retrouvé dans une aile intérieure donnant sur une cour surélevée lors de travaux réalisés en 1968, est assurément l'un des plus anciens de France… Un beau patrimoine malheureusement inaccessible au public.

Un coquillage de pierre

5e arrondissement
Escalier d'intérieur sans noyau
10, rue Lainerie

Il existait à la Renaissance des tailleurs de pierres virtuoses. Celui qui œuvra là, dans un immeuble pourtant modeste et resté anonyme, conçut un véritable jaillissement de pierres quand il en réalisa l'escalier à âme centrale. Plus de quatre siècles après, le charme opère toujours et l'œil est vite fasciné par cette spirale de marches s'enroulant autour de son axe, telle celle d'un grand coquillage.

Tout près, au n° 14 de la rue Lainerie, on pourra retrouver son sens de l'équilibre devant la belle façade de l'hôtel Mayet de Beauvoir, datant du XVe siècle, qui est l'une des mieux conservées de cette époque du Vieux Lyon.

Quant au nom de la rue, il n'a rien à voir avec la laine du mouton, mais bien plutôt avec un autre quadrupède, que l'on dit moins docile : l'âne. La rue, où les âniers logeaient leurs bêtes, s'appelait jadis rue de l'Asnerie, mot dont la corruption a donné le nom actuel.

131

Un éducateur du temps jadis

5ᵉ arrondissement
Monument à Jean Gerson
Rue Saint-Paul, face à l'église éponyme

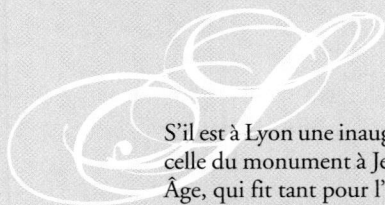

S'il est à Lyon une inauguration qui fit scandale en son temps, c'est bien celle du monument à Jean Gerson, théologien et pédagogue du Moyen Âge, qui fit tant pour l'instruction des plus pauvres des petits gones de la ville, où il mourut vénéré de tous en 1429.

La scène se passe en 1880. La statue a été commandée au sculpteur Charles Bailly par la famille Mangini, de riches industriels lyonnais qui contrôlent la Compagnie des chemins de fer de la Dombes et du Sud-Est. Nous sommes en plein conflit entre les républicains, volontiers anti-cléricaux, et les catholiques intransigeants, si influents dans la ville de Marie. L'abbé Pupier, curé de la paroisse, profite de l'événement pour s'emporter contre la République et son école laïque et obligatoire. Le combatif ecclésiastique lance une violente mercuriale contre le gouvernement, soulignant «combien Monsieur le ministre Jules Ferry aurait besoin d'apprendre du chancelier Gerson qu'il ne suffit point, pour instruire et élever les enfants, d'avoir une certaine science qui a la prétention de se passer de Dieu, mais qu'il faut encore posséder l'humilité de l'esprit, la générosité du cœur et les vertus de l'âme que la religion seule peut donner».

Le soubassement de la statue comprend un piédestal orné de têtes de lions qui semblent tout droit descendus de la colline de Fourvière : l'inspiration n'aura pas manqué à son auteur, Sainte-Marie Perrin, qui n'est autre que l'architecte de la basilique.

Qui est l'« Homme de la Roche » ?

5e arrondissement
Statue de Jean Kleberger
Place de l'Homme-de-la-Roche, quai Pierre-Scize

Au bas de la colline de Fourvière, sur le quai de Saône, le promeneur rencontrera la statue d'un digne personnage, pourtant passé à la postérité sous le seul surnom de l'« Homme de la Roche ».

Jean ou Hans Kleberger, ou Cleberger, ou encore plus simplement Cléber, né à Nuremberg en 1485, est d'abord employé chez un important banquier de cette ville, le sieur Imhof, qui commerce avec l'Europe entière. Il se forme aux pratiques du négoce et finit par épouser la fille de son patron. Le voilà envoyé à Lyon pour y représenter les intérêts de son beau-père. Il s'y fixe définitivement en 1532, fortune faite, ayant acheté une seigneurie dans les environs et une baronnie dans la Dombes, obtenu sa naturalisation, prêté de l'argent au roi François Ier lui-même… et trouvé là une nouvelle épouse, répondant au pittoresque prénom de Pelonne. Celui que les Lyonnais ont tôt fait d'appeler « le bon Allemand » se signale par sa générosité et fait un legs important à l'intention des miséreux de Lyon. Les contemporains assurent même qu'il marie les filles pauvres à ses frais. Enfin, honneur rarissime pour un non-Lyonnais, il est élu, en 1545, conseiller de la ville.

On comprend alors que plusieurs monuments évoquant ce bienfaiteur se soient succédé sur le quai Pierre-Scize. La statue actuelle, sculptée par Pierre Toussaint Bonnaire sur les plans de l'architecte René Dardel et érigée en 1849, serait le quatrième. Elle représente le mécène de la Renaissance un sac d'écus à la main, et les gones farceurs aiment à lancer à leurs créanciers : « Va te faire payer à l'Homme de la Roche ! »

Des armoiries changeantes et rugissantes

5e arrondissement
Façade des archives départementales du Rhône
Ancien couvent des Carmes déchaussés
2, rue de Montauban

Le visiteur qui grimpe les 237 marches de la montée des Carmes-Déchaussés se voit récompensé au sommet par une vue superbe sur la colline voisine de la Croix-Rousse d'un côté, et sur la Presqu'île et les deux clochers de l'église Saint-Nizier de l'autre. Il atteint ainsi, un rien essoufflé, l'ancien monastère des Carmes réformés, encore appelés déchaussés car ils allaient pieds nus.

Fondé en 1614, le couvent abrite aujourd'hui les archives départementales du Rhône, dont l'élégant portail supporte l'une des deux devises de la ville – « Suis le lion qui ne mords point sinon quand l'ennemi me poinct » – et ses armoiries. Elles montrent un lion grimpant, musclé, vu de profil, c'est-à-dire le corps élevé ne reposant que sur les pattes arrière. La queue est retroussée vers le bas, la patte droite relevée, dirigée en avant, la gauche abaissée. Le tout sur fond rouge, « de gueules » selon le vocabulaire héraldique, et surmonté par trois fleurs de lis sur fond azur, symbole de l'annexion au royaume de France, au début du XIVe siècle.

Cette « trilogie florale » a beaucoup évolué au cours de l'histoire, au gré des changements de régime politique. L'emblème royal est d'abord supprimé à la Révolution, puis remplacé en 1809 par trois abeilles impériales. Avec la Restauration, les fleurs de lis sont de retour, avant de disparaître à nouveau lors de la révolution de 1830, pour revenir définitivement en 1859. Le lion subit lui aussi un important changement : au retour des Bourbons, la municipalité fait rajouter dans sa patte droite une épée haute, manière de rappeler le siège de la ville en 1793. En 1830, l'arme disparaît définitivement. Avec une bonne mémoire et un solide sens de l'observation, tout promeneur attentif doit donc pouvoir dater de visu les nombreux blasons aux lions qu'il découvrira dans la ville.

Un maître
de la Renaissance

On considère généralement Philibert Delorme comme le promoteur de l'architecture classique en France sous la Renaissance. On sait moins que c'est à Lyon, sa ville natale, que le jeune artiste, alors âgé de 25 ans à peine, fit ses premières armes en 1536.

De retour d'Italie, l'architecte construisit pour le sieur Antoine Bullioud, contrôleur général des Finances, une galerie reliant deux corps de bâtiments dans son hôtel particulier. Avec mission de ne point empiéter sur la cour, particulièrement exiguë. De cette servitude naquit l'idée géniale d'une galerie à trois baies en anse de panier, voûtée d'arêtes, reposant sur deux trompes – portions de voûte en saillie – du plus bel effet. De beaux débuts pour l'architecte officiel du roi Henri II !

Ruelle Punaise

5e arrondissement
Vestiges d'un égout médiéval à ciel ouvert
18, rue Juiverie

Cet ancien égout à ciel ouvert, doté d'une pente particulièrement raide, reliait le bas de la montée Saint-Barthélemy à la rue Juiverie. Cette appellation de « Punaise », attestée en 1550, a disparu par la suite, et ce n'est que récemment qu'elle est réapparue, de façon tout à fait officieuse toutefois. Elle dénote un singulier contraste, tant il est vrai que la rue Juiverie fut longtemps l'une des plus belles et des plus vivantes du Vieux Lyon. Comme son nom l'indique, celle-ci regroupait les négociants juifs installés dans la ville, lesquels pouvaient fréquenter une synagogue toute proche, que les historiens situent sur les pentes de Fourvière. Bien qu'ils aient été sans doute chassés de Lyon en 1311 – les chroniqueurs ne sont pas d'accord à ce sujet –, avant d'y revenir, la rue Juiverie resta longtemps un lieu très fréquenté, où le roi François Ier lui-même ne craignit point de loger.

La maison du roi Henri

5e arrondissement
4, rue Juiverie et 1, montée Saint-Barthélemy

Construit sous le règne de François Ier mais baptisé du nom de son successeur, cet hôtel de Lyon arbore une façade Renaissance discrète et raffinée. Un certain Claude Paterin, fils d'un officier royal, en fut l'heureux commanditaire. Dans la superbe cour d'honneur du bâtiment, avec son grand escalier aux arcades supportées par d'élégantes colonnes, on peut apercevoir sur l'une des façades, refaite au XIXe siècle, un buste du roi Henri IV, le premier Bourbon à monter sur le trône de France. Cette effigie aurait été installée dans sa niche en 1601 par les propriétaires de l'époque, la famille de Montbrian, soutien inconditionnel du signataire du célèbre traité de Lyon qui rattachait à la couronne la Bresse, le Bugey, le Valromey et le pays de Gex. Le Vert Galant, qui avait épousé en 1600 Marie de Médicis à Lyon, n'a cependant jamais séjourné officiellement dans cet hôtel.

La maison aux lions

5e arrondissement
Maison Dugas
23, rue Juiverie

La légende raconte qu'un jour le sulfureux Nicolas Flamel, écrivain public parisien du XIVe siècle donné pour avoir découvert le secret de la fabrication de l'or, décide de marier l'une de ses deux filles à Lyon. Un jeune gone de bonne naissance a sa faveur. Malheureusement la donzelle choisit d'entrer au couvent, suivie en cela par sa sœur. Dépit du fiancé, à qui l'ex-futur beau-père, un rien gêné, offre de l'argent ainsi qu'un singulier dessin : onze têtes de lion alignées sur trois rangs y présentent une énigme, dont la solution permet d'accéder à un trésor enfoui. Le prétendant et quelques amis, décryptant les instructions mystérieuses de l'alchimiste, récupèrent celui-ci et le partagent entre eux… tout en restant discrets sur son origine. Les Lyonnais décident d'investir dans la pierre et font édifier de par la ville de beaux hôtels particuliers ayant tous un point commun : chacun d'eux est orné de têtes de lion, afin de perpétuer dans chaque famille le souvenir des origines de sa fortune.

La maison sise au n° 23 de la rue Juiverie en ferait partie. Mais, pour l'histoire officielle, la façade ornée des têtes de lion – douze et non pas onze, d'ailleurs – date seulement des débuts du XVIIe siècle, et les sculptures ont été réalisées pour le propriétaire du moment, un certain Jérôme Lentillon, lui-même épris de sciences cabalistiques. Ce très beau bâtiment fut acheté en 1750 par les Dugas, dont il prit alors le nom.

Gracieuse outarde

5e arrondissement
Enseigne en pierre
19, rue du Bœuf

L'outarde est l'un des plus gros oiseaux du monde. Il peut peser jusqu'à 20 kilos ! C'est un migrateur, qui relie le Canada au Mexique ou l'Europe à l'Asie au sein de grandes formations en V où chacun bénéficie du déplacement de l'air soulevé par l'oiseau qui le précède.

Le géographe grec Strabon parlait déjà de l'outarde dans l'Antiquité. Plus récemment, Alexandre Dumas la cite dans son *Grand Dictionnaire de cuisine*, mais pour d'autres raisons… C'est que la chair de ce volatile passe pour succulente. Des générations de chasseurs ne s'y sont pas trompées, provoquant même la disparition de certaines de ses variétés dans le ciel français.

Lyon se devait d'avoir son outarde. Dite « d'Or », elle est sculptée sur la façade d'un immeuble du Vieux Lyon datant de 1487 et accompagnée de la devise : « Je vaux mieux que tous les gibiers. » Avis aux amateurs ! C'était là sans doute, en l'an de grâce 1708 (date elle aussi gravée dans la pierre), la pittoresque enseigne de l'une de ces maisons gourmandes qui fleurissaient déjà dans la cité où Paul Bocuse allait exercer son art près de trois siècles plus tard.

Clés en main

5e arrondissement
Musée Gadagne
Histoire de Lyon et Marionnettes du monde
1, place du Petit-Collège

Le musée Gadagne recèle bien des trésors sur l'histoire de la ville, et notamment ses clés, dont l'origine est assez récente.

En janvier 1805, Lyon vit dans la fièvre qui précède toujours la réception de l'Empereur. La municipalité débloque des crédits spéciaux en vue de recevoir dignement le souverain, restaure son hôtel de ville, fait nettoyer les rues et commande même deux lits pour le couple impérial, lequel logera à l'archevêché, chez le cardinal Fesch – l'oncle du « Petit Corse ». Les édiles décident également de remettre à Sa Majesté les clés de la ville… qu'il

(© Musée Gadagne/Pierre Verrier)

reste à faire réaliser, dans le même esprit de munificence. Il en faut non pas une, mais trois, car, depuis la Constitution de l'an III, la cité est curieusement répartie en trois divisions administratives, ayant chacune son propre maire.

Les trois clés sont donc dessinées par Joseph Chinard, sculpteur lyonnais alors en vogue, et modelées en bronze doré par l'orfèvre Antoine Saulnier. Elles symbolisent les trois divisions à travers leurs activités principales : le commerce pour la division du Nord (pentes de la Croix-Rousse et quartier de l'hôtel de ville), le trafic fluvial pour celle du Midi (le sud de la Presqu'île), et enfin la justice et le droit pour celle de l'Ouest (rive droite de la Saône). Elles sont décorées, entre autres, de serpents, de tritons et de balances.

En 1814, les Autrichiens, qui occupent la ville, s'emparent des trois précieuses clés qui resteront en otages à Vienne pendant plus d'un siècle. Ce n'est qu'après la Grande Guerre et à la demande pressante du maire de l'époque, Édouard Herriot, qu'elles retrouveront leur cité d'origine.

Riche comme Gadagne

5e arrondissement
Musée Gadagne
Histoire de Lyon et Marionnettes du monde
1, place du Petit-Collège

Dans l'introduction de sa « Pronostication nouvelle pour l'an Mil cinq cens cinquante et huict », « maistre Michel Nostradamus, de Salon de Craux en Provence, docteur en mede-cine » dédie celle-ci au « très vertueux et illustre seigneur Guillaume de Gadagne [...] en recor-dation du bon accueil que votre excellence me feit dans votre maison à Lyon ». En effet, Michel de Nostre-Dame, médecin et astrologue, a choisi un éditeur lyonno-avignonnais, Macé Bonhomme, pour publier en 1555 ses « pronostications » – entendons par là ses pro-phéties –, regroupées en *Centuries astrologiques*. Une nouvelle édition, augmentée, sera publiée en 1557, toujours à Lyon, suivie d'une autre en 1568, après la mort de l'auteur.

Avec ses prédictions, ses vers bizarres, ses énigmes, ce petit livre, sulfureux à souhait, va vite occuper une place de choix dans l'univers plutôt confus de la prophétie et de l'imaginaire lyonnais. Il est conservé au musée Gadagne, l'un des joyaux du Vieux Lyon, devenu le musée historique de la ville. L'hôtel a conservé le nom de la famille Gadagne (précédemment Gadaigne et à l'origine Guadagni), qui l'occupa au XVIe siècle d'abord en tant que locataire, puis comme propriétaire. Cette famille de Florentins bannis par les Médicis est emblématique de ces marchands italiens qui quittèrent la péninsule, politiquement peu stable, pour faire fortune ailleurs et finirent par conquérir par leur habileté l'échevinage, la noblesse et la notoriété. L'expression « riche comme Gadagne » est d'ailleurs encore en vigueur à Lyon de nos jours.

144

Le Raspoutine lyonnais

5e arrondissement
Hôtel La Cour des Loges
6, rue du Bœuf

Construits entre le XVIᵉ et le XVIIᵉ siècle, les bâtiments qui constituent l'hôtel La Cour des Loges offrent un bel exemple de restauration réussie. Menée à bien de 1983 à 1987, elle fut réalisée avec originalité et dans un réel souci de respect du patrimoine par les architectes Yves Boucharlat et Pierre Vurpas.

C'est dans cet hôtel que le thaumaturge lyonnais Maître Philippe avait son laboratoire. Ce singulier personnage figure en bonne place parmi les mystiques, prophètes et charlatans qui défilèrent à la cour de Russie du temps du tsar Nicolas II et de son épouse Alexandra. Né à Loisieux, en Savoie, guérisseur dès l'enfance, puis plus prosaïquement commis boucher – chez un oncle à la Croix-Rousse, Nizier Anthelme Philippe suivit des études de médecine avant d'ouvrir un cabinet à Lyon, dans le quartier des Brotteaux. S'entourant de disciples par qui il se faisait appeler « Maître Philippe », il fit tant parler de lui que son nom parvint aux oreilles du couple impérial, qui le fit venir à Saint-Pétersbourg et lui accorda toute sa confiance. Il devint rapidement l'un des hommes les plus puissants et les plus décriés de la cour, mais pas pour longtemps, car un concurrent de taille ne tarda pas à lui ravir la vedette. Ce dernier avait pour nom Raspoutine.

Amer, Maître Philippe rentra en France et se retira à L'Arbresle, non loin de Lyon, où il mourut en août 1905. Son corps, enterré au cimetière de Loyasse, est encore objet de vénération pour certains.

Le bœuf est un taureau

5e arrondissement
Enseigne Renaissance
13, rue du Bœuf

La rue du bœuf, à l'origine partie intégrante de la rue Tramassac, doit son nom à l'animal en pierre sculptée qu'on peut toujours voir à l'angle de la place Neuve-Saint-Jean. Cette sculpture était attribuée jadis soit au fameux Jean de Bologne, soit à Martin Hendricy, un sculpteur liégeois installé à Lyon. Une seule chose est certaine, et il suffit d'un coup d'œil pour s'en assurer : ce bœuf est en fait un taureau !

Cette rue fut un temps l'une des plus fréquentées de Lyon. Vers 1820, alors que les canuts ne s'étaient pas encore complètement installés sur les pentes de la Croix-Rousse, libérées par les clos religieux, elle n'abritait pas moins de 150 ateliers de soyeux, ce qui représentait 300 métiers à tisser.

Maison de poupée

Toute menue, mais toute pimpante bien qu'un peu écrasée par ses deux grandes voisines, la mignonne bâtisse du 28, avenue du Maréchal-Foch peut revendiquer le titre très officiel de « plus petite maison de Lyon ». C'est suite à la destruction de l'ancienne église de la Rédemption au milieu du XIXe siècle qu'elle fut construite là par les Hospices civils de Lyon, propriétaires d'une grande partie du nord de la rive gauche.

En face, de l'autre côté de l'avenue de Noailles, devenue en 1929 avenue du Maréchal-Foch, fut édifiée de 1867 à 1877 la nouvelle église de la Rédemption, dont la flèche ne fut jamais installée. Mais c'est une autre histoire…

Tête-à-tête mythologique

6e arrondissement
Immeuble Barioz
7, quai du Général-Sarrail

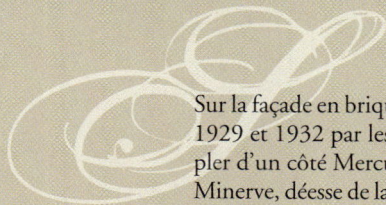

Sur la façade en brique et béton de cet élégant immeuble construit entre 1929 et 1932 par les architectes L. & C. Donneaud, on peut contempler d'un côté Mercure, dieu du commerce et des voyageurs, de l'autre Minerve, déesse de la sagesse et du combat. Quoi de plus normal lorsque l'on sait qu'il s'agit de couronner le bâtiment destiné à abriter les bureaux de la maison de soierie Barioz, ainsi que l'appartement des propriétaires. Mais on a dit aussi que les deux figures mythologiques auraient en réalité les traits du couple Barioz lui-même. Reste à savoir si l'initiative en revient au sculpteur lyonnais Jean Chorel ou si ce dernier a répondu à la demande de ses clients…

La « sagesse triomphante »
du comte de Cagliostro

6e arrondissement
Restaurant Orsi
3, place Kléber

L'homme reste une énigme : s'agissait-il d'un guérisseur détenteur d'un réel pouvoir ésotérique ou d'un banal aventurier charlatan ? Toujours est-il qu'il connut son heure de gloire dans la France de l'Ancien Régime finissant.

Le Sicilien Joseph Balsamo, qui se fait appeler comte de Cagliostro, arrive à Lyon en octobre 1784, venant de Bordeaux et précédé d'une réputation à la fois flatteuse et sulfureuse. On dit qu'il réalise des guérisons miraculeuses grâce à une poudre secrète et qu'il préconise des cures purificatrices et revitalisantes. On assure qu'il entre en contact avec l'au-delà par le biais d'un jeune enfant accompagné d'une colombe qui lui sert de médium – le Saint-Esprit, pour sûr ! On murmure qu'il sait fabriquer de l'or et des pierres précieuses… Voilà pourquoi tout ce que Lyon compte de notables et d'esprits éclairés se précipite à l'hôtel du Parc, où il loge sous un autre pseudonyme, celui de « comte Phœnix ». On fête le visiteur ; on couvre son épouse de cadeaux ; on réclame ses soins ; on suit avec avidité ses séances de divination ; on crie au prodige quand il réussit (ou semble réussir) à faire se matérialiser l'esprit d'un ancien échevin décédé, qui bénit l'assistance.

Ayant été reçu en loge maçonnique à Bordeaux, Joseph Balsamo décide de fonder à Lyon un rite nouveau, qualifié d'égyptien. Ce sera la loge de « La Sagesse triomphante », installée dans une maison de la ville nouvelle qui s'édifie alors aux Brotteaux sur les plans de l'architecte J.-A. Morand. Celle-ci abrite aujourd'hui l'une des tables les plus réputées de Lyon : le restaurant Orsi.

Mais dès janvier 1785, appelé par le cardinal de Rohan, Balsamo quitte Lyon pour Paris, où l'attend un nouvel épisode de sa vie aventureuse, l'affaire du collier de la reine, dans laquelle sera compromis le galant prélat. L'aventure vaudra au Sicilien un séjour à la Bastille… avant qu'il ne devienne le héros d'un roman d'Alexandre Dumas.

L'ossuaire de la Terreur

6e arrondissement
Crypte de la chapelle des Brotteaux
147-149, rue de Créqui

En novembre 1793, la population lyonnaise paie chèrement sa rébellion contre la Convention montagnarde. La Terreur rouge est à l'ordre du jour et, comme la guillotine dressée place des Terreaux ne suffit plus à la tâche, on en vient à fusiller les condamnés sur la rive gauche du Rhône, dans la plaine des Brotteaux, où les corps sont ensuite enfouis hâtivement dans une tranchée. Cette véritable boucherie – il faut achever les blessés au sabre ou à la baïonnette – écœure les soldats eux-mêmes, qui refusent rapidement de continuer.

L'Empire ayant remis de l'ordre et la Restauration rappelé un roi, l'argent d'une souscription permet l'achat du terrain où a eu lieu le massacre. On y élève alors un sobre monument religieux. Construit entre 1814 à 1817 par l'architecte Claude Cochet, il sera desservi par des Capucins. Les restes des 1 900 victimes dénombrées y reposent dans un caveau voûté.

À la fin du XIXe siècle, sous la poussée démographique et urbaine, il devient nécessaire de prolonger la rue de Créqui. Que faire du monument ? Les républicains lyonnais, les riverains et les milieux cléricaux sont divisés, les pétitions et requêtes contradictoires se succèdent. Finalement, les Hospices civils de Lyon, principal propriétaire du quartier, cèdent en 1897 une parcelle voisine du monument, où l'église actuelle, plus petite, est achevée en 1902. Mais c'est alors le nouveau maire socialiste, Victor Augagneur, qui refuse le déplacement des ossements. Les débats s'enveniment et l'affaire remonte jusqu'au Conseil d'État. Pour en finir, en 1906 un maire plus conciliant, Édouard Herriot, autorise le transfert, à condition que l'église ne soit pas ouverte au culte. Dans le caveau souterrain, les restes des victimes constituent aujourd'hui encore un impressionnant rempart de crânes et d'os.

L'ex-plus haut immeuble de France

6e arrondissement
Palais de Flore
8, boulevard Jules-Favre

Même si ce bâtiment porte le nom de la déesse italique protectrice de la végétation, nous ne sommes pas devant un vestige antique. Le palais de Flore lyonnais est un immeuble d'habitation construit en 1930 par l'architecte Clément Laval. Il est remarquable à plus d'un titre. Par ses dimensions tout d'abord – 40 mètres répartis sur 11 étages –, qui en font alors le plus haut immeuble de France. Ses terrasses, elles non plus, ne sont pas communes : coiffées de trois coupoles, alors qualifiées de « casques anglais » – la Grande Guerre est encore toute proche –, elles tranchent sur la banalité des toitures alentour. Quant à la présence de garages en sous-sol, c'est une vraie nouveauté pour l'époque. Enfin, l'architecte a su habilement intégrer l'imposant bâtiment dans le quartier, rythmant ses façades par une alternance de balcons et de fenêtres en encorbellement du plus bel effet.

D'une gare à l'autre

La gare des Brotteaux, qui ne sert plus depuis la mise en service de la gare TGV à la Part-Dieu en 1982, avait elle-même remplacé une autre gare, construite en 1858 pour accueillir la ligne Genève-Lyon. Plus petite, cette dernière avait la particularité de ne posséder qu'un rez-de-chaussée, bâti en bois et en plâtre. Un mode de construction inhabituel mais dicté par sa situation en zone militaire, qui permettait son démontage rapide en cas de conflit.

Construit à partir de 1905 sur la base d'une structure métallique par l'architecte d'Arbaut et l'ingénieur Rascol dans l'imposant style post-haussmannien qui triomphait alors à Paris, le bâtiment actuel appartenait à l'origine à la compagnie Paris-Lyon-Méditerranée (le fameux PLM). On dit que dans les années 1980, la SNCF, décidée à le vendre, se dépêcha de démonter la marquise de la partie est avant qu'elle ne fut classée. Depuis, deux autres éléments ont été inscrits à l'inventaire des Monuments historiques : la façade et l'ancienne salle des pas perdus, qui abrite une peinture de Lacour, *Le Port de Marseille,* réalisée dans le plus pur style pompier.

Aujourd'hui, ce qui reste l'un des plus beaux bâtiments industriels de Lyon abrite un hôtel des ventes tout ce qu'il y a de plus chic, deux restaurants et des bureaux que se partagent architectes et avocats.

LYON — Gare des Brotteaux - Arrivée des Grands Blessés - C.1

À Paris comme à Lyon !

Quel est le point commun entre le musée des Arts asiatiques de Paris et le Muséum de Lyon ? Tous deux sont nés, presque « en miroir », de l'inspiration d'un collectionneur lyonnais passionné…

En 1860, Émile Guimet prend la succession de son père, Jean-Baptiste, chimiste et industriel qui a fait fortune en inventant un bleu outremer artificiel, dit bleu Guimet. Émile, alors âgé de 24 ans, se révèle doué pour les affaires – il prendra même, en 1887, la direction de la Compagnie chimique d'Alais et de Camargue, future Pechiney –, mais c'est aussi un grand voyageur doublé d'un collectionneur avisé, qui amasse les objets ramenés de ses lointaines pérégrinations en Égypte, en Chine, au Japon et en Inde.

En 1878, Émile Guimet présente une partie de ses collections dans un pavillon de l'Exposition universelle qui a lieu à Paris, dans une salle intitulée « Religions de l'Extrême-Orient ». Le succès, qui dépasse ses espérances, l'encourage à achever au plus vite – et à ses frais, 774 000 francs or – la construction, dans le nouveau quartier de la Tête d'Or à Lyon, d'un musée consacré aux religions du monde entier, que Jules Ferry, alors ministre de l'Instruction publique, inaugure en 1879. Mais les relations se tendent rapidement avec le maire, Antoine Gailleton, dont la lésine est proverbiale et l'indifférence manifeste. Furieux, le généreux donateur s'en va frapper à la porte des édiles parisiens. Mieux reçu, il fait élever dans la capitale, toujours à ses frais et par le même architecte, Jules Chartron, un musée identique, dans lequel il transfère ses précieuses collections.

L'édifice lyonnais, resté vide, est vendu à une société frigorifique, qui en fait en 1897 le palais de Glace – lequel associe à une patinoire des salles de bal et de réunion, ainsi qu'un salon de thé –, avant de faire faillite. Gailleton parti, Augagneur n'ayant fait que passer, Herriot installé, les choses s'arrangent. La ville rachète les locaux en vue d'y établir un muséum d'histoire naturelle. Ce n'est qu'en 1912 que Guimet, réconcilié avec sa ville natale, offre à ses compatriotes de nouvelles pièces égyptiennes et asiatiques, qui furent présentées jusqu'en 2002 dans deux salles du Muséum.

La petite maison qui faisait de la résistance

Non, ce n'est pas une fantaisie d'architecte qui est à l'origine de l'enchâssement dans un immeuble moderne de cette maison bourgeoise dont l'intérieur n'a pas bougé depuis un siècle…

Cette demeure est née du désir tout simple d'un petit industriel de la Belle Époque, Rolland Valla, d'habiter à proximité de son entreprise, une usine de graisses minérales qui se trouvait à l'angle de la rue Ney et du cours Lafayette. Certes ce fragile patrimoine fut menacé par les appétits des promoteurs à la fin du XXᵉ siècle. Il fut pourtant protégé grâce à son environnement : le site classé de la gare des Brotteaux. Et c'est à la ténacité de ses occupants et à un coup de foudre de l'architecte des Bâtiments de France qu'il a dû sa survie.

De l'or... et de l'air pur

6ᵉ arrondissement
Parc de la Tête d'Or
Place du Général-Leclerc (entrée principale)

Un trésor est caché en ce parc, auquel il a donné son nom – c'est du moins une très ancienne légende qui le prétend. Un trésor renfermant un Christ avec une tête en or aurait été enfoui là, dans ce qui était encore un coin de campagne, lors des grandes invasions pour les uns, lors des troubles huguenots pour les autres. La tradition est si ancrée qu'en 1855, on consulte même une médium afin de retrouver le magot.

Une autre version attribue plus prosaïquement ce nom à celui d'une auberge dite « Logis de la Tête d'Or », sise dans le faubourg voisin de La Guillotière. Le propriétaire, suspecté d'y recevoir des gens aux mœurs légères, aurait été chassé par l'autorité et serait venu installer son esta-minet en ce lieu alors isolé et marécageux.

Sombre prédiction et triste fin

6e arrondissement
Buste de l'abbé Rozier
Parc de la Tête d'Or

On raconte que, longtemps avant la Révolution, une amie de la sœur du tout jeune abbé François Rozier, s'amusant à lui tirer les cartes, lui prédit qu'il périrait d'un coup de canon. Toute l'assistance en aurait ri. Et pourtant…

Esprit éclairé, peu attiré par la vie spirituelle mais passionné par les sciences et plus particulièrement la botanique et l'agronomie, notre abbé édite un *Journal de physique et d'histoire naturelle*, un *Dictionnaire universel d'agriculture,* sans oublier une nomenclature des ceps fournissant le beaujolais. Il est aussi remarqué par le ministre Turgot qui l'envoie en mission scientifique en Corse puis en Hollande.

Ayant accepté la constitution civile du clergé, Rozier est nommé en 1791 curé de la paroisse Saint-Polycarpe, sur les pentes sud de la Croix-Rousse. En septembre 1793, lors des bombardements de la ville par les troupes de la Convention, il est tué au dernier étage de la cure par un boulet de canon passé à travers la toiture. Un contemporain rapporte qu'au printemps précédent, alors que l'abbé et quelques-uns de ses amis évoquaient la possibilité d'un siège et spéculaient sur son issue, Rozier avait déclaré que cela se terminerait « par un éclat de bombe ».

En août 1812, son buste, réalisé par le sculpteur Chinard, est installé dans le Jardin botanique, alors situé sur le flanc ouest de la Croix-Rousse. Sous le Second Empire, le Jardin botanique migre dans le parc de la Tête d'Or, et le buste suit.

Une laiterie révolutionnaire

6e arrondissement
Laiterie-Vacherie municipale
Parc de la Tête d'Or
Allée des Moutons

Voilà un singulier bâtiment, discrètement entouré de verdure, dont l'installation en 1903 constitue un jalon tant sur le plan social que sur le plan architectural. Il est le résultat de la volonté affirmée de Victor Augagneur, premier maire socialiste de Lyon, de fournir gratuitement aux gones de parents nécessiteux et aux orphelins un lait de bonne qualité exempt de germes. En effet, dans cette vacherie conçue pour 40 laitières, le lait sera stérilisé – une nouveauté à l'époque. C'est aussi la première réalisation lyonnaise d'un jeune architecte encore inconnu qui va marquer l'espace urbain de la cité : Tony Garnier.

Cet édifice délibérément utilitaire, comprenant une vaste étable, le logement du vacher et des locaux destinés à la stérilisation du lait, doit pouvoir s'intégrer au site. Garnier joue donc la simplicité et imagine des murs en pisé de mâchefer enduits de ciment, avec des redans surmontés de pots en terre cuite, garnis d'une plante grasse. Le toit de tuiles rouges est complété d'avant-toits en ciment. L'architecte audacieux prévoit une ventilation, un écoulement automatique des urines bovines et un sol en briques vitrifiées, lequel semble avoir beaucoup surpris les Lyonnais d'alors.

L'Haussmann lyonnais

6e arrondissement
Buste de Claude-Marius Vaïsse
Parc de la Tête d'Or

Le promeneur qui arrive jusqu'à ce monument isolé dans un coin du parc de la Tête d'Or ne peut que constater la disproportion existant entre le (petit) buste et le (grand) piédestal qui le supporte. À l'origine de cette singulière association se trouve un véritable imbroglio où se mêlent la politique et les beaux-arts.

On a qualifié d'« Haussmann lyonnais » le digne personnage présenté là en costume d'apparat. Claude-Marius Vaïsse – et non pas Jean-Claude Vaïsse comme l'affirme la plaque de métal apposée sur la face antérieure de la stèle –, né à Marseille en 1799, suit une carrière administrative sans faute. Dès 1853, Napoléon III lui confie l'administration du département du Rhône, à laquelle est rattachée celle de la ville de Lyon, dont la mairie a été supprimée. Soucieux d'hygiène et d'urbanisme aéré autant que de sécurité publique, le tout-puissant préfet taille sans vergogne dans le tissu urbain. Le vétuste centre-ville s'ouvre à de larges avenues comme la rue Impériale (actuelle rue de la République) ou la rue de l'Impératrice (rue du Président-Édouard-Herriot) ; il voit s'élever un palais du Commerce, des monuments, les premiers grands magasins… et s'ouvrir le parc de la Tête d'Or sur la rive gauche du Rhône.

En 1864, ce fonctionnaire zélé meurt à sa table de travail. Son remplaçant décide d'honorer doublement sa mémoire avec l'érection d'un piédestal surmonté d'une statue en pied place de l'Impératrice – aujourd'hui place des Jacobins – et celle d'un buste sur colonne dans le parc. Guillaume Bonnet réalisera les sculptures, en bronze pour la statue, en marbre pour le buste. Mais le Second Empire se veut désormais libéral ; l'opposition républicaine s'étoffe… En conséquence, on hésite à célébrer le souvenir de ce soutien du régime autoritaire. Déjà sculpté, le buste attend, oublié, dans un sous-sol. Retrouvé presque par hasard en 1920, il est hissé sur le piédestal prévu pour le centre-ville, et pourtant installé dans le parc juste avant la guerre de 1870.

Quant à la statue de bronze, elle aussi achevée, mais inutilisable et même encombrante, elle sera vendue par la République à l'entreprise de robinetterie Seguin. Et voilà comment Monsieur le Préfet finit en robinets !

De la Foire
à la Biennale d'art contemporain

6ᵉ arrondissement
Façade du musée d'Art contemporain
Cité internationale
Quai Charles-de-Gaulle (côté ouest) et allée Achille-Lignon (côté est)

Urbaine dans un environnement agreste, la Cité internationale, construite entre 1994 et 1996 par l'architecte génois Renzo Piano, rassemble quatorze salles de cinéma, un casino, deux hôtels de grand standing, des restaurants, une vaste salle de spectacles, des logements de luxe et des bureaux, dont le siège mondial d'Interpol, le tout mêlant avec bonheur la brique et le verre et donnant par de larges baies sur les frondaisons du parc de la Tête d'Or tout proche.

(Coll. part.)

Le musée d'Art contemporain y est installé dans le seul vestige de l'ancien « palais de la Foire de Lyon », élevé là entre 1918 et 1928 sur les plans de Charles Meysson. Ce palais figurait dans un ensemble évolutif de pavillons répartis le long d'une rue centrale couverte, le tout sur pilotis, eu égard aux fréquentes inondations dues au Rhône voisin, dont elle épousait d'ailleurs la courbe.

Mais, en 1984, ce chef-d'œuvre architectural ne répondant plus aux exigences des foires contemporaines, la manifestation s'expatria à Chassieu, dans l'Est lyonnais, sur le nouveau site d'Eurexpo ; les pavillons de Meysson furent détruits et l'espace qu'ils occupaient livré aux promoteurs.

160

De la mairie au fast-food

7e arrondissement
Ancienne mairie de La Guillotière
Angle place Gabriel-Péri et grande rue de La Guillotière

Commune indépendante créée sous la Révolution, La Guillotière manque longtemps d'une mairie. Le conseil municipal se tient un temps dans le bas de l'ancien clocher de l'église Saint-Louis, puis il investit en 1832 ce bâtiment de la fin du XVIᵉ siècle. La mairie a une existence des plus agitées. Lors des révoltes des canuts, l'édifice est assailli par les émeutiers. Après le rattachement de La Guillotière à Lyon, en 1852, il devient mairie du 3ᵉ arrondissement, avec poste de police intégré, sans pour autant trouver le calme : occupation par les plus « durs » des républicains en septembre 1870, nouveaux heurts lors des élections municipales d'avril 1872, attentat à la bombe en juillet 1889, en pleine crise anarchiste – l'engin artisanal déposé contre le mur du poste de police avec une étiquette proclamant « Vive l'anarchie » est désamorcé par un gardien de la paix…

Le temps où les proclamations officielles étaient lues et les bans publiés n'est plus. Aujourd'hui, on y sert des cheeseburgers et des frites… avec ou sans ketchup.

De mystérieux symboles...

7e arrondissement
La maison du pèlerin
104, grande rue de La Guillotière

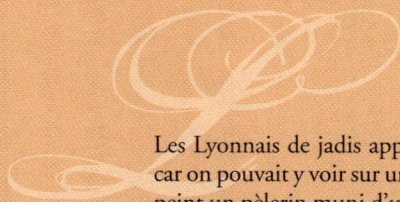

Les Lyonnais de jadis appelaient cette bâtisse « la maison du pèlerin » car on pouvait y voir sur un panneau de bois peint, enlevé en 1932, était peint un pèlerin muni d'une gourde et d'un bâton. Peut-être était-ce là l'effigie du charpentier Antoine Delhomme, qui fit construire sa demeure en 1807 dans la rue principale du faubourg de La Guillotière.

On sait par contre que la maison fut achevée en 1813. En atteste la date qui figure sur deux des balcons en fer forgé du premier étage à côté d'un signe mystérieux : un ensemble de lettres disposées en carré qui entourent un grand compas et un cœur. Au deuxième étage, trois des cinq fenêtres mansardées possèdent, quant à elles, un auvent sur lequel s'entrecroisent des motifs en bois sculpté figurant une gourde, une coquille, un cœur et les lettres A.D.S. – dont la signification est probablement *Antoine Delhomme sculpsit*. Un étonnant rébus bicentenaire qui attend toujours d'être déchiffré...

L'hôtel de l'Aigle

7ᵉ arrondissement
Ancien hôtel de l'Aigle
103, grande rue de La Guillotière

HOTEL DE L'AIGLE
A SON RETOUR DE L'ILE D'ELBE
LE 10 MARS 1815
L'EMPEREUR NAPOLEON Iᴱᴿ
ARRIVANT DE GRENOBLE
ET DE BOURGOING
S'EST ARRETE DANS CETTE MAISON
AVEC SON ETAT-MAJOR
AVANT D'ALLER A LYON
COUCHER A L'ARCHEVECHE

On raconte que Napoléon, lors de sa triomphale remontée vers Paris à son retour de l'île d'Elbe, aurait voulu attendre la nuit dans le faubourg de La Guillotière, afin d'effectuer son entrée dans Lyon à la lueur des torches. Une manière d'inquiéter les bourgeois de la ville, passés un peu trop rapidement du bonapartisme au royalisme à l'avènement de la Restauration.

Une plaque scellée dans le mur de la robuste maison à frontons triangulaires en témoigne : le 10 mars 1815, l'Empereur déchu parti à la reconquête de son trône se repose là avec son état-major. Il y déguste même des tripes selon certains, des pieds de cochon selon d'autres, en tout cas quelque charcutaille mitonnée par un traiteur du voisinage, qui en tirera une pointe d'orgueil et bien des bénéfices.

Reposée, rassasiée, revêtue de sa redingote légendaire, Sa Majesté Impériale ira, à la nuit tombée, à la rencontre des Lyonnais, qui l'attendent depuis la veille et ont investi les quais du Rhône sous une pluie battante. Quant à la maison, elle deviendra, comme de juste, l'hôtel de l'Aigle.

Le plus vieux bénitier de Lyon

7e arrondissement
Église Notre-Dame-Saint-Louis
1, rue de La Madeleine

*I*l y avait là jadis un couvent de religieux du tiers ordre des Franciscains, baptisés moines de Picpus en référence au lieu-dit où ils s'installèrent à Paris.

À la Révolution, les bâtiments, devenus biens nationaux, sont vendus à un particulier qui y installe une vitriolerie, avant que l'ensemble ne soit cédé à l'État. Ainsi les anciens bâtiments conventuels se transforment-ils, en 1827, en un hospice de vieillards, puis au XXe siècle en une caserne de sapeurs-pompiers.

Quant à l'église, elle devient église paroissiale en 1802. En 1842, elle est reconstruite par l'architecte Christophe Crépet, qui réemploie le clocher et l'abside tout en édifiant une nouvelle façade sobrement néoclassique ornée de statues placées dans des niches.

Depuis 1971, tout près d'une belle vierge en marbre sculptée par Joseph-Hugues Fabisch, le visiteur peut admirer sur le côté gauche de l'église un grand bénitier, qui est sans doute la plus ancienne cuve baptismale de Lyon, puisqu'il date du VIIIe siècle. Il provient de l'ancienne petite chapelle Saint-Alban, sise vers Grange-Blanche, sottement détruite dans les années 1960. Sur ses flancs court un bas-relief montrant un homme aux prises avec des serpents. Comprenne qui pourra...

Un château de bric et de broc

7ᵉ arrondissement
Façade du château de la Rize
76, cours Gambetta

Le moins que l'on puisse dire, c'est que la façade plutôt extravagante de cet immeuble tranche avec la sagesse de celle des immeubles mitoyens. Inutile d'y rechercher un style précis : ce ne sont que fragments, inscriptions et sculptures d'anciens bâtiments datant de la Renaissance, voire de l'Antiquité. Ils furent récupérés, lors de la destruction des édifices en question, par un Lyonnais collectionneur et pour le moins original, qui les scella en façade de sa maison.

Original, le sieur Raymond Victor Alexis Rousset ne l'était pas à moitié ! Né en 1799, mort en 1885, cet amoureux de bric-à-brac qui adorait sa ville fut à la fois comptable, poète, auteur dramatique, fabuliste et romancier. On lui doit 800 fables et même un poème sur la prise de Byzance de quelque 10 000 vers.

Propriétaire du « château du Prado » rue Jangot et du « château de l'Arche » à Villeurbanne, l'homme baptisa sa troisième demeure « château de la Rize », du nom d'une rivière dont les multiples bras sillonnaient jadis la rive gauche avant d'aller se jeter dans le Rhône au sud du pont de La Guillotière. Quant à celle-ci, de nombreuses petites industries, blanchisseries, tanneries et autres teintureries s'implantèrent au fil du temps sur ses berges, mais malheureusement, dès le milieu du XIXᵉ siècle, la pollution la transforma en un égout en plein air, qu'il fallut endiguer, canaliser et en définitive faire disparaître. Si l'on peut encore en voir une infime partie, en amont, sur la commune voisine de Villeurbanne, le reste est entré dans la légende.

165

Chef-d'œuvre en péril

7ᵉ arrondissement
Château de la Mothe (ou de la Motte)
37, rue du Repos

De la bonne volonté et de bons yeux sont nécessaires à qui veut découvrir ce château de la Belle au Bois Dormant situé en plein Lyon, au milieu des herbes folles, derrière un vénérable mur d'enceinte dont les fêlures sont autant de lucarnes d'où entrevoir le malheureux.

Comme son nom l'indique, le château de la Mothe fut construit au Moyen Âge sur une de ces éminences de la rive gauche (lieu-dit La Grande Motte, à La Guillotière) qui échappaient aux inondations, fréquentes en ces lieux. Remanié au XVᵉ siècle, il connut ses heures de gloire en logeant les grands de ce monde avant leur entrée officielle dans la ville. Ainsi Marie de Médicis « alla ouïr la messe à la Mothe et y disna » en décembre 1600. Il passa ensuite entre les mains de différents propriétaires, avant d'être racheté par l'État sous la monarchie de Juillet et de se trouver inclus malgré lui dans l'enceinte du nouveau fort Lamothe, vite devenu caserne Sergent-Blandan. Aujourd'hui , les militaires sont partis, l'avenir des terrains reste incertain et le pauvre château est plus isolé que jamais. Mais une jeune association s'est juré de sauver le vieux bâtiment et les Lyonnais ne perdent pas espoir.

Un palace automobile

La plus grande station-service au monde, et la plus moderne ! Tel est, en toute simplicité, le slogan de la firme Citroën quand elle décide de construire sa succursale de Lyon. Le projet, grandiose pour l'époque, est réalisé par l'architecte Maurice Jacques Ravazé, un élève de Tony Garnier, et suivi par André Citroën en personne pendant toute la durée du chantier, de mars 1930 à mars 1932.

Il est vrai que l'immense garage de verre, de fer et de béton armé décline une série de chiffres impressionnants : 200 ouvriers sur le chantier pendant deux ans, jour et nuit ; 12 000 m³ de gravier et de sable utilisés ; 4 000 tonnes de ciment employées ; 1 500 tonnes d'acier réparties dans le bâtiment ; une surface totale de 40 000 m² distribuée sur cinq étages ; 6 000 m² de vitrage ; 535 mètres de façades – dont de singulières tours d'angle renfermant des escaliers ; enfin, à l'angle des rues de Marseille et de l'Université, un immense hall d'exposition octogonal, entièrement vitré, délimité au sol par huit colonnes de béton lisse et s'élevant à une hauteur de 18 mètres, jusqu'au plancher du deuxième étage.

On comprendra que ce bâtiment hors normes, qui a conservé son cachet d'origine et abrite toujours les activités pour lesquelles il a été conçu, ait été inscrit à l'inventaire supplémentaire des Monuments historiques en 1992. Il le méritait bien !

Une croix baladeuse

7e arrondissement
La croix Jordan
Place du Prado

Après l'action résolument laïque de la municipalité Gailleton qui, à la fin du XIXe siècle, partit en guerre contre les croix de chemin qui existaient alors sur le domaine public lyonnais, il n'en resta que quelques-unes debout. La croix Jordan, à l'histoire riche de vicissitudes, est l'une de ces rares rescapées.

Les origines de cette croix, antérieures à la Révolution, sont mal connues. Certainement malmenée lors de la tourmente révolutionnaire, elle est relevée en 1810 – comme l'indique l'inscription encore un peu lisible sur le piédestal – par la dame Brisson, propriétaire de la ferme de la Mouche dans le quartier Gerland, en souvenir de son noble époux, guillotiné en 1794.

En 1864, ce qui n'est encore qu'un chemin prend le nom de place du Prado, du nom d'un refuge voisin, fondé quatre ans auparavant par le père Chevrier pour servir d'asile aux enfants pauvres du quartier. En 1926, la ville de Lyon décide d'élargir les alentours de la place et transporte la croix non loin, dans une petite cour fermée par un mur, qui la dissimule en partie. En 1981 de nouveaux travaux de voirie sont prévus et des passionnés obtiennent enfin le retour du monument sur son site d'origine.

Une voisine pollueuse

7e arrondissement
Caserne de la Vitriolerie
Musée du Souvenir militaire
26, boulevard Yves-Farge
quartier Général-Frère, avenue Leclerc

« Fort de la Vitriolerie » : la formule, gravée juste au-dessus de l'entrée de cette caserne massive typiquement XIXe siècle, a de quoi surprendre. Elle rappelle pourtant simplement la présence de la vitriolerie ouverte ici en 1803, qui donna son nom au quartier. Dans ses locaux, comme dans ceux de plusieurs autres de la rive gauche, la fabrication de l'acide sulfurique – le vitriol de nos grands-parents – le disputait à celle des allumettes au phosphore blanc. Après quoi les résidus étaient jetés dans le Rhône ou dans la Rize, sans autre forme de procès, par les industriels de la chimie naissante.

La caserne, quant à elle, appartenait au système défensif de l'Est lyonnais mis en place entre 1830 et 1851 sur la base d'un chapelet de forts allant du parc de la Tête d'Or à Gerland. C'est le seul d'entre eux encore en activité. Très bien restauré, il abrite un musée du Souvenir militaire au cœur du vaste quartier Général-Frère. Un lieu de souvenir pour nombre de Lyonnais venus y passer les fameux « trois jours » qui précédaient le service militaire quand il existait encore.

169

La rescapée des abattoirs

7e arrondissement
Halle Tony Garnier
20, place Antonin-Perrin

À l'aube du XXe siècle, il faut donner à Lyon, ville en pleine expansion, un grand abattoir digne d'elle, à proximité de la gare de marchandises de La Mouche. Le maire Édouard Herriot choisit un architecte visionnaire : Tony Garnier. De 1906 à 1928, celui-ci va concevoir puis réaliser un gigantesque ensemble de bâtiments fonctionnels soigneusement répartis autour d'un grand marché aux bovins. Seul élément encore debout aujourd'hui, ce dernier est constitué d'un assemblage de poutres en métal dont chacune est articulée autour de trois rotules.

L'édifice est une réalisation exceptionnelle, qui arbore ce qui est encore à ce jour la plus vaste charpente métallique sans poteaux au monde, avec 210 mètres de long, 80 de large et 23 de haut jusqu'au faîtage, soit une surface de 17 000 m², l'équivalent de deux terrains de football ! Il abrita d'abord l'Exposition universelle de Lyon en 1914, puis fut réquisitionné comme usine d'armement pendant la Grande Guerre, avant de servir enfin de halles aux bestiaux dans ce qui était alors devenu une véritable « cité de la viande ».

En 1975, une inscription d'office à l'inventaire supplémentaire des Monuments historiques permit de sauver du néant le bâtiment désaffecté. Encore fallait-il lui redonner vie, ce qui fut fait à partir de 1986, grâce à l'action d'un adjoint à l'urbanisme épris de patrimoine : Jacques Moulinier. Une complète rénovation, menée par les architectes Bernard Reichen et Philippe Robert, a donné naissance à un « Bercy lyonnais » pouvant contenir jusqu'à 20 000 personnes. Il abrite tout au long de l'année des manifestations culturelles, sociales ou festives tels que la Biennale de la danse, le Salon de l'étudiant, des concerts…

Les gardiens du temple du ballon

7e arrondissement
Entrée du stade de Gerland
351, avenue Jean-Jaurès

Les ardents supporters de l'Olympique Lyonnais qui investissent régulièrement le stade de Gerland passent devant eux sans les remarquer. Certes, la sérénité plus que cent cinquantenaire des deux félins couchés là contraste avec l'espoir exubérant qui habite les amateurs du ballon rond venus voir gagner leur équipe.

Le stade, signé Tony Garnier, fut mis en chantier en 1913 en vue de l'Exposition internationale de l'année suivante, mais ne fut inauguré qu'en 1924 en raison du retard pris à cause de la guerre. Quant à ces deux lions impavides, ils proviennent de l'ancien pont de La Feuillée, lancé sur la Saône en 1831. À chaque extrémité du pont, devant deux piliers en pierre supportant de grands vases Médicis en fonte industrielle, se dressaient deux lions identiques, également en fonte, installés sur d'imposants blocs de pierre rectangulaires dissimulant l'ancrage des câbles qui maintenaient l'ouvrage. Au début du XXe siècle, le pont s'avéra incapable de recevoir les rails du tramway. En 1910, un autre pont lui succéda, détruit à son tour en 1944 avant d'être remplacé par l'ouvrage actuel.

Lions et vases se retrouvèrent donc parmi les matériaux de récupération oubliés au service des Eaux, en bordure du Rhône, face au parc de la Tête d'Or. Les quatre vases y sont toujours. Deux des lions ont été placés à Gerland en 1962, un troisième trône aujourd'hui grande rue de Saint-Clair à Caluire et Cuire, et le quatrième a franchi les océans, offert il y a quelques années par Lyon à Montréal. Son aire de repos ? Le square de Lyon !

Le dernier tour de piste

8e arrondissement
Tombeau de la famille Rancy
Nouveau cimetière de La Guillotière
228, avenue Berthelot

Le chapiteau et le dresseur de lions ; les acrobates et les jongleurs ; les chevaux qui piaffent et les accortes écuyères… Dans la tête de chaque adulte flotte toujours l'un ou l'autre de ces souvenirs d'enfant quand on prononce le mot « cirque ». Un mot magique pour un métier pas comme les autres, qui est l'apanage de véritables dynasties.

Les Rancy figurent au nombre de ces dernières. Des membres de plusieurs générations de cette famille dorment d'un sommeil éternel commun au nouveau cimetière de La Guillotière, à droite de l'allée principale, sous un monument funéraire où les effigies de chevaux se mêlent à un monde de chambrières, ces fouets à long manche utilisés pour leur dressage, autour de la devise familiale puisée chez Virgile : « *Fama volat* » (« La renommée vole. ») Ils sont tous là, ou presque, à commencer par le grand ancêtre, Théodore Rancy, né en Charente au hasard d'une tournée du cirque auquel appartenait sa mère. Lutteur de foire réputé, professeur d'équitation et de gymnastique… chez les Jésuites d'Annonay puis de Saint-Étienne, cavalier émérite, il est appelé à se produire au cirque de Paris et même en Russie, où il règle les festivités équestres de la cour, avant de créer en 1858 sa propre entreprise de spectacle.

C'est en 1882 qu'il s'installe à La Guillotière, dans une salle de 2 500 places, où la troupe vient chaque année prendre ses quartiers d'hiver. On trouve aussi dans le caveau familial son épouse, Olive Loyal, fille d'un autre directeur de cirque ; leur fils Napoléon, mort dans un accident d'automobile en 1932 ; leur petit-fils, un autre Théodore, mort à la guerre dès septembre 1914, à l'âge de 22 ans ; Sabine Rancy, qui poursuivit la tradition ; d'autres encore…

Amphis en fumée

8e arrondissement
Ancienne manufacture des tabacs
Université Jean Moulin (Lyon 3)
6, cours Albert-Thomas

Les étudiants de l'université Lyon 3 savent-ils, à l'heure où les fumeurs sont honnis dans la plupart des lieux publics, qu'ils sont accueillis dans l'ancienne manufacture des tabacs de la ville ? Un second souffle pour cet immense bâtiment fonctionnel, dont la construction, sur les plans de l'architecte Clugnet, ne se fit pas sans problème.

Commencés en 1912, interrompus en 1914, repris en 1920, les travaux ne furent achevés qu'en 1930. Constitués chacun d'un quadrilatère, les deux principaux groupes de bâtiments, bien que proches l'un de l'autre, n'étaient reliés que par des ponts en béton armé afin de prévenir les risques de propagation d'incendies toujours possibles.

La grande façade ouest, aux combles à la Mansart, est ponctuée par des pavillons. Mêlant polychromie des briques et fonte ouvragée, elle a gardé toute sa superbe. À l'intérieur, l'Atelier de la Rize a habilement couvert les grandes cours, disposé amphithéâtres et salles de cour, installé une bibliothèque lumineuse et imaginé un espace dévolu à une librairie spécialisée dans les livres d'études.

Ici naquit le cinéma

8e arrondissement
Institut Lumière
25, rue du Premier-Film

C'est sans doute le portail le plus connu des cinéphiles au monde. Toujours debout, même s'il n'ouvre plus sur l'usine qui s'élevait jadis derrière lui, il servit de cadre au premier film jamais fixé sur la pellicule : *La sortie des usines Lumière* sur le chemin Saint-Victor, devenu en 1929 la rue du Premier-Film.

Cette usine, fondée en 1883, employait à l'origine une petite dizaine d'ouvriers à fabriquer des plaques et des papiers sensibles pour la photographie. Elle connut rapidement une réussite éclatante qui lui valut une renommée internationale dès la fin du siècle.

Pour ce qui est de la naissance du premier film, la date avancée est peu sûre : était-ce bien le 19 mars 1895 ? On a épluché les registres maison, consulté la météo, passé à la loupe l'emploi du temps des deux frères Lumière, sachant que Louis était à ce moment-là derrière la caméra toute neuve… Rien de définitif n'en est sorti, sinon que le tournage du premier film eut lieu juste avant la première projection mondiale, organisée le 22 mars 1895 à Paris par la Société d'encouragement pour l'industrie nationale. Si l'on ajoute que quatre versions successives de ce petit premier film, vite devenu légendaire, ont été tournées en diverses saisons – devant le succès remporté, la pellicule s'usait rapidement –, on comprendra que déterminer la date exacte reste un rien hasardeux.

Le « château » Lumière

8e arrondissement
Musée Lumière
18 bis, place Ambroise-Courtois

À Lyon, dans le milieu du cinéma, on l'appelle volontiers « le Château ». C'est en fait la seule rescapée des deux villas construites à l'identique entre 1899 et 1901 par deux architectes, Alex et Boucher, à destination des deux frères Lumière et de leurs familles.

Ce « château », qui longe ce qui est devenu tout naturellement la rue du Premier-Film, reste donc le dernier témoin immobilier de la formidable réussite des Lumière. Du père d'abord, Antoine, photographe de renom dont le studio situé à Bellecour, rue de la Barre, vit défiler le tout-Lyon. Des fils ensuite, Auguste et Louis, dont nul n'ignore qu'ils ont inventé le cinéma – ou plus exactement, selon la terminologie de l'époque, le cinématographe. Dans le plus pur style Art nouveau, la demeure décline à satiété parqueterie et lambris d'essences rares, peintures, mosaïques, cheminées et autres luminaires dans des pièces qui entourent un jardin d'hiver resté célèbre. Rachetée par l'État en 1975, la villa abrite aujourd'hui l'Institut Lumière, association créée en 1982 en vue de promouvoir l'art et la culture autour du septième art tout en protégeant et en mettant en valeur le patrimoine qui s'y rattache.

AUTOUR DE CE PORTIQUE
EST ÉCRITE L'HISTOIRE DE
CEUX QUI VÉCURENT EN
CETTE CONTRÉE, Y SONT

RETRACÉES LES VIEILLES
LÉGENDES, ELLE A ÉTÉ
GRAVÉE L'HISTOIRE DE LA
FONDATION DE LA CITÉ

1960

La cité utopique

arrondissement
Musée urbain Tony-Garnier
70 à 80, boulevard des États-Unis
Appartement témoin au 4, rue des Serpollières
Renseignements au 04 78 74 02 33

En 1919, désireux de donner un souffle nouveau à l'urbanisme lyonnais et une réelle dimension à l'architecture sociale de la ville, le maire Édouard Herriot demande à son architecte favori, Tony Garnier, d'imaginer un vaste projet d'habitation urbaine collective. Il sera situé dans la partie est de la ville, le long de ce qui est devenu, en mai 1917, le boulevard des États-Unis en souvenir de l'entrée en guerre de ce pays.

Mettant en pratique les théories novatrices qu'il avait publiées dans sa *Cité industrielle*, Garnier imagine de petits immeubles déclinés de façon répétitive mais non symétrique. Ils seront placés dans un environnement piétonnier et agreste équipé de bancs et de pergolas en béton, le tout desservi par une infrastructure socioculturelle associant une garderie, une école, un stade, une bibliothèque…

Les réalités budgétaires liées à l'inflation puis à la grave crise de l'entre-deux-guerres vont considérablement altérer la réalisation du projet. Tony Garnier ne construit que les trois petits immeubles situés à l'entrée du quartier et se retire. Les services municipaux s'empressent de retoucher dangereusement les objectifs : on bâtit des immeubles de cinq et non plus trois étages, des rues moins larges, et on ne construit pas les bâtiments sociaux ou culturels, renvoyés à des temps meilleurs… au grand mécontentement du concepteur.

L'ensemble, regroupant près de 1 700 logements, ne sera achevé que dans les années 1960. Mais deux décennies plus tard, déjà, son état laisse craindre une destruction proche : façades noircies et lézardées, absence de salles de bains et d'ascenseurs… La pugnacité d'un groupe d'habitants, l'action d'associations, la prise de conscience de la disparition d'un patrimoine important lors des deux décennies précédentes amènent finalement les services gestionnaires à entreprendre un plan de sauvetage, qui commence en 1983. L'opération sera même reconnue par l'Unesco, qui lui accordera son label en 1991.

Sept ans plus tard, en 1990, est créé le « Musée urbain », qui confie aux jeunes artistes de la Cité de la Création la mission de représenter sur les murs-pignons des immeubles restés aveugles seize projets ou réalisations de Tony Garnier. Un hommage mérité au génial architecte, même si le quartier des États-Unis n'est qu'un aboutissement tronqué de sa conception initiale.

Des mots dans la pierre

8ᵉ arrondissement
Parcours de la Résistance
Place René-et-Madeleine-Caille

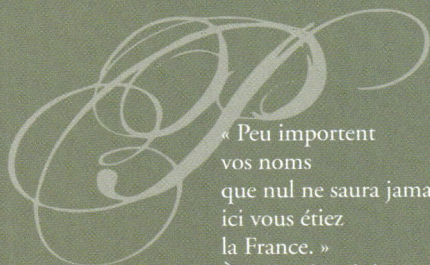

« Peu importent
vos noms
que nul ne saura jamais
ici vous étiez
la France. »
À même le sol de pierre rainuré, tout près d'autres phrases signées Louis Aragon, Jean Moulin, Jean Ferrat, Winston Churchill, Joseph Kessel, Charles de Gaulle… les mots d'André Malraux participent à ce « Parcours de la Résistance » gravé dans le granit que Michel Desvigne et Christine Dalnoky ont réalisé en 1990 sur cette place bordant la cité des États-Unis.

La pierre coupée du conquérant

9e arrondissement
Rocher de Pierre-Scize
Quai Pierre-Scize, entre les montées de la Sarra et du Greillon

Homme d'importance que Marcus Vipsanius Agrippa ! Dans l'Empire romain naissant, il est à la fois l'ami, le conseiller, le fils adoptif et le gendre d'Auguste, lequel l'envoie dans la lointaine Gaule chevelue, récemment conquise par son oncle Jules César. Il a reçu mission de tracer, à partir de la jeune cité de Lugdunum, quatre voies menant respectivement vers le Rhin, la Manche, l'Aquitaine et la Narbonnaise.

Mais si l'empereur propose, les éléments disposent : un grand rocher barre une partie de la Saône, ce qui empêche d'ouvrir la voie qui doit longer la rivière. Les légionnaires d'Agrippa s'emploient activement à attaquer la roche. Ça y est, la voie est ouverte ! Le lieu sera en conséquence appelé « *petra incisa* », puis au Moyen Âge « pierre encise », et enfin « pierre scize », soit « pierre coupée ». Voilà l'histoire… à moins que ce ne soit la légende.

La Bastille lyonnaise

9e arrondissement
Forteresse de Pierre-Scize
Quai Pierre-Scize, entre les montées de la Sarra et du Greillon

Remarquablement défendu par la nature elle-même, le rocher de Pierre-Scize reçoit dès 1226 une forteresse élevée par Renaud de Forez, archevêque de Lyon. On l'atteint en gravissant un escalier de 120 marches.

Quand les ecclésiastiques cesseront d'y résider, elle deviendra prison d'État. Après l'annexion de Lyon au XIVe siècle par Philippe le Bel, les rois de France conservent sa fonction pénitentiaire à l'édifice. Il abrite nombre de prisonniers, célèbres ou oubliés. Du côté des premiers, on peut citer le duc de Milan Ludovic Sforza, dit le More en raison de son teint basané, protecteur de Léonard de Vinci, déporté ici par Louis XII ; le duc de Nemours, l'un des chefs de la Ligue, qui parvient à s'échapper, déguisé en domestique un pot de chambre à la main ; et plus tard le sulfureux marquis de Sade, qui obtient de recevoir la visite de son épouse… et trouve le moyen de lui faire un enfant. Autre évasion retentissante : en 1705, cinq prisonniers font le mur après avoir assassiné un gouverneur trop peu méfiant.

Sous la Révolution, on enferme là des royalistes conspirateurs, un chanoine, des officiers du Royal-Pologne qui passaient à Lyon. En septembre 1792, une foule excitée monte les massacrer dans leur prison et leurs têtes sont promenées en triomphe au bout d'une pique. En octobre 1793, les jacobins lyonnais commencent à détruire leur Bastille, vidée de ses derniers occupants, parmi lesquels figure le plus vieux prisonnier de France : un dénommé François de Maumat, enfermé sur l'ordre de Louis XV en août 1727 et qui sera donc resté à Pierre-Scize pas moins de 65 ans !

D'amour ou d'amitié

Il faut absolument s'engager dans la rue des Deux-Amants après son passage sous l'autoroute et poursuivre son ascension, discrète et ombragée, entre deux grands murs de pierre et de pisé... juste avant que son charme bucolique ne se fracasse contre une autre trémie autoroutière.

On doit ce nom de rue charmant à la découverte d'un tombeau en 1408 sur les bords de Saône, à l'emplacement de l'actuel Conservatoire national de musique et de danse. Deux noms y étaient gravés dans la pierre : Amandus et Amanda. Étaient-ils amants, ou frère et sœur ? Les historiens se disputèrent. Las, en 1707, le petit monument fut détruit lors de l'agrandissement du chemin de halage, faisant entrer dans la légende ces « amants de Lyon ».

Si Lyon eut ses hypothétiques Roméo et Juliette, elle eut aussi ses non moins hypothétiques Achille et Patrocle. Tout commence par la découverte, toujours dans le faubourg de Vaise, mais en 1846, d'un tombeau noyé dans les fondations d'un mur réunissant... deux légionnaires, Aurelius et Modestinius, qui vivaient à Lyon vers l'an 150. Camarades de tente ou lointains pionniers d'une sorte de « *Pacs romanus* » ? Inutile de dire que la chose plongea les dignes archéologues lyonnais dans une perplexité gênée. On finit par connaître leurs origines : Reims pour l'un, Cologne pour l'autre. Ils s'étaient retirés à Lugdunum pour finir leur vie dans la même demeure, puis faire tombeau commun. Un tombeau que l'on peut voir aujourd'hui au musée de la Civilisation gallo-romaine de Fourvière.

Un gratte-ciel pour Lyon

9e arrondissement
24, quai Jaÿr

Nous sommes en 1910. M. Cateland est propriétaire d'un minuscule terrain – 65 m² seulement – sur lequel est bâtie une petite maison d'un étage, en bord de Saône. Il est aussi architecte et imagine d'augmenter la surface habitable en utilisant le béton armé : une grande première à Lyon.

Rajoutant six étages, l'habile homme gagne près de 1,20 mètre sur les rues et libère l'espace intérieur de tous murs porteurs. Pour améliorer l'isolation, il réalise le coffrage intérieur des murs en briques creuses laissées en place et incorpore les canalisations d'eau dans les façades. Quant à la terrasse supérieure qui chapeaute l'immeuble, elle est à la fois accessible et collective. Même si le bâtiment ne comprend pas d'ascenseur, Emmanuel Cateland vient de doter Lyon de son premier « gratte-ciel ».

Phalanstère d'artistes

9ᵉ arrondissement
Maisons dessinées par Tony Garnier
5, rue de la Mignonne

Elles ne sont pas une mais trois, sagement alignées près du quai Paul-Sédallian, non loin de l'île Barbe, dans le tranquille chemin de la Mignonne, du nom d'une maison de campagne construite là au XVIIIᵉ siècle. Trois sœurs architecturales jumelles et nées du même père : Tony Garnier. Dans la continuité de son projet de Cité industrielle, celui-ci a choisi la simplicité d'un plain-pied distribué autour d'un patio central séparant le bureau ou l'atelier des pièces d'habitation. Le béton triomphe et les parements extérieurs recouverts d'enduit au mortier de chaux rugueux ajoutent encore au dépouillement.

Trois maisons presque identiques, mais trois destinataires différents. La première est élevée de 1910 à 1912 pour l'architecte lui-même. C'est la plus près du quai et elle sera en partie détruite lors de l'élargissement de la voie, en 1958. La deuxième, construite entre 1912 et 1919, est destinée à l'épouse de l'architecte, Catherine, artiste en poterie, qui la partage avec un ami de Tony Garnier, André Tessier, son futur époux. Enfin, la troisième villa, commencée en 1917 et achevée en 1924, est dévolue à Mˡˡᵉ Bachelot, une amie à qui Tony Garnier est, dit-on alors à Lyon, très attaché…

Druides, moines et pêcheurs

9ᵉ arrondissement
Île Barbe

« *Insula barbara* » : de vieux grimoires assurent que l'île, aujourd'hui partie intégrante du 9ᵉ arrondissement, doit son nom aux druides qui célébraient là leur culte mystérieux.

Des moines s'installent très tôt en ce lieu agreste, où ils édifient l'une des premières abbayes de la Gaule, qu'ils dédient à saint Martin et à saint Loup, évêque de Lyon. Ayant adopté rapidement la règle bénédictine, elle devient l'une des plus riches et des plus puissantes communautés religieuses de la région. Elle possède une superbe bibliothèque, que lui aurait donnée l'empereur Charlemagne en personne, lequel, à en croire certains chroniqueurs, serait même venu méditer sur la vanité du pouvoir à la pointe de l'île.

Longtemps les vieux murs et les vertes frondaisons ont accueilli de belle manière les voyageurs venus de Paris et du Nord de la France par le coche d'eau, qui se restauraient volontiers dans les auberges établies le long de la Saône, célèbres pour leurs fritures de poissons. Une agréable dégustation qui se pratique encore de nos jours, sur l'île ou sur les rives alentour.

- BENOÎT (Bruno) et SAUSSAC (Roland), *Histoire de Lyon des origines à 2005*, Éditions des Traboules, Brignais, 2005.

- BENOÎT (Bruno), *La Lyonnitude : Dictionnaire historique et critique*, Éditions lyonnaises d'Art et d'Histoire, Lyon, 2000.

- DELFANTE (Charles) et PELLETIER (Jean), *Atlas historique du Grand Lyon*, Éditions Xavier Lejeune-Libris, Lyon, 2004.

- DELFANTE (Charles) et PELLETIER (Jean), *Plans de Lyon : portraits d'une ville, 1350-2015*, Éditions Stéphane Bachès, 2006.

- ETÉVENAUX (Jean), *Les Grandes Heures de Lyon*, Perrin, Paris, 2005.

- Lyon, *25 siècles de confluences* (ouvrage collectif), Imprimerie Nationale, 2001.

- MARREY (Bernard), *Guide Rhône-Alpes de l'architecture du XXe siècle* (important chapitre sur Lyon), Éditions Picard, Paris, 2004.

Bibliographie

Édition : Laurence Solnais
Direction artistique : Isabelle Chemin, assistée de Marylène Lhenri
Maquette : Sophie Compagne

Avec la collaboration de Laurence Petit, Pascal Tilche

Photogravure : Graphique Production, Chambéry
Achevé d'imprimer en juin 2007
sur les presses de l'imprimerie Mame, à Tours

ISBN : 978-2-35179-005-2
Dépôt légal : juillet 2007